최윤식의
주니어 미래준비학교
미래
인공지능

최윤식의
주니어 미래준비학교

미래 인공지능

· 최윤식 지음 ·

지식노마드

머리말

인공지능과 함께 꿈꾸는 미래 여행의 안내 지도

어린 나이에 서양 장기인 체스의 천재라고 불리던 영국 소년이 있었습니다. 그는 체스 대회에 참가해서 상금으로 탄 200파운드(약 30만 원)로 컴퓨터를 사서 프로그래밍을 공부합니다. 그리고 체스의 원리를 바탕으로 직접 '오셀로'라는 컴퓨터 게임을 만들어 자신의 동생과 대결을 시킵니다. 이 대결에서 컴퓨터 게임이 동생을 이기는 것을 본 그는 체스를 넘어 다른 꿈을 꾸게 됩니다. 인간을 뛰어넘는 수준의 인공지능 개발자가 되겠다는 꿈을 꾸기 시작한 것이지요.

　이 사람이 세계 최고의 바둑 기사 이세돌을 이기며 세상을 놀라게 한 알파고의 개발자, 데미스 하사비스입니다.

하사비스의 꿈은 끝없는 질문으로 이어졌습니다. "나의 뇌는 어떻게 체스 말의 움직임을 생각해 내는 것일까?"라는 질문에서 시작해 좀 더 커다란 꿈으로 나아갔습니다. "인간 대신 컴퓨터가 생각할 수 있다면 어떨까?", "사람이 자거나 쉬는 동안에도 컴퓨터가 생각을 이어 가고 해결책을 내놓는다면 얼마나 좋을까?" 이런 호기심에 도전하며 꿈을 키워 온 하사비스는 마침내 '인공지능으로 더 좋은 세상을 만든다'는 비전 아래 '딥마인드'라는 인공지능 개발 회사를 창업했고, 이전까지 어디에도 없었던 새로운 인공지능을 선보이기에 이르렀습니다. 2016년, 인간이 만든 가장 복잡한 게임이라는 바둑 분야에서 그가 만든 인공지능이 세계 최고 수준의 인간을 이긴 것입니다.

인공지능은 알파고만 있는 것이 아닙니다. 세계에서 가장 똑똑한 인공지능이라는 IBM의 왓슨은 이미 수백만 권의 의학 서적을 읽고 실제로 암 환자 진단에 참여하는 등 우리 곁에서 활약하고 있습니다. 그밖에도 인공지능 기자, 인공지능 소설가도 등장하고 있습니다. 앞으로 인공지능이 펼쳐 갈 미래는 무궁무진합니다. 인공지능 시스템과 결합한 나노 로봇이 개발되면 우리 몸 안에 로봇이 상주하며 병원균을 없애고 손상된 세포를 치료하거나 세포에 영양 공급을 할 것입니다. 그뿐만이 아닙니다. 사람이 가기 어려운 우주 탐사 분야에서도 큰 역할이 기대됩니다.

인공지능은 모든 분야에서 우리 생활을 바꿀 것입니다. 자동차는 사람이 직접 운전하지 않아도 원하는 목적지까지 우리를 데려다 줄 것이고, 장난감이 스스로 아이와 대화하며 놀이와 공부를 도와줄 것입니다. 안경이 책을 읽고 정보를 제공해 줄 것입니다.

이런 미래를 대비해 10대에 해 두어야 할 가장 중요한 일은 유망해 보이는 직업 한두 가지를 알아맞히는 것이 아닙니다. 그보다는 시야를 넓혀 미래를 만들어 나가는 새로운 기술이 무엇이며, 그런 기술이 어떻게 세상을 바꾸어 나갈지 이해하고 상상하는 것이 먼저입니다. 가장 중요한 것은 생각을 넓혀 나가면서 자기 안에 있는 잠재력을 자극하여 꿈을 찾는 일입니다. 꿈을 찾았다면 그 꿈을 향해 도전하는 일입니다. 그렇게 차근차근 준비한다면 여러분에게 미래는 무한한 가능성의 세계로 펼쳐질 것입니다.

· · ·

'최윤식의 주니어 미래준비학교' 시리즈는 지금의 어린이들과 청소년들이 사회에 진출할 10~20년 후의 미래 변화를 이해하고, 앞날을 준비할 수 있도록 돕기 위한 책입니다. 저자 스스로 미래학자이자 네 아이의 아빠로서, 세상과 아이들의 행복한 미래를 위해 연구하고 고민해 온 것들을 더 많은 독자들과 나누고자 기획한 시리즈입니다.

이 책을 통해 누구나 미래의 변화를 이해하고 준비할 수 있도록 쉽게 풀어 쓰려고 노력했습니다. 특히 분야별로 미래의 변화를 만들어 가는 새로운 기술을 소개하고, 그런 기술로 무엇을 할 수 있는지 생각해 보는 기회를 갖게 하는 데 중점을 두었습니다.

각 분야 최고 전문가들이 어떻게 어린 나이에 자기 꿈을 갖게 되었으며, 그 꿈을 이루기 위해 어떤 공부와 노력을 거쳐 최고의 전문가가 될 수 있었는지 소개하면서 여러분 스스로 롤 모델을 찾는 데 도움이 되도록 구성했습니다.

  이 책이 여러분이 꿈을 찾고 그 꿈을 향해 도전하는 미래 여행의 안내 지도가 될 수 있기를 바랍니다.

여러분의 꿈을 응원하며,
미래학자 최윤식

차례

머리말 인공지능과 함께 꿈꾸는 미래 여행의 안내 지도 … 4

 1장 인공지능과 인공지능 과학자 … 12

 01 와우! 인공지능! … 14

인공지능을 만나다 … 15
전 세계가 가장 많이 쓰는 인공지능, 구글 … 22
비서 역할을 하는 인공지능 … 24
이미지를 인식하는 인공지능 … 30
통역·번역을 하는 인공지능 … 32
자율 주행 인공지능 … 35
전문가를 대신하는 인공지능 … 40
예술 영역까지 넘보는 인공지능 … 46
인공지능 사무원 … 50

 02 꿈은 어떻게 만들어질까? … 54

꿈을 꾸는 과학자들 … 55

- 세계적인 인공지능 과학자를 만나다 1
  알파고의 아버지, 데미스 하사비스 … 20
- 세계적인 인공지능 과학자를 만나다 2
  음성 인식 기술을 선도하는 앤드루 응 … 29
- 세계적인 인공지능 과학자를 만나다 3
  딥러닝·인공신경망의 아버지, 제프리 힌튼 … 44

 2장 미래를 상상하라 … 60

 01 인공지능의 타임라인 … 62

인공지능을 뒷받침하는 기술 1: 빅데이터의 발전 … 63
인공지능을 뒷받침하는 기술 2: 컴퓨터의 발전 … 67
인공지능을 뒷받침하는 기술 3: 인간 뇌의 분석 … 71
인공지능이 인간을 이길 수 있을까? … 74

미래의 인공지능 … 80

강한 인공지능은 나타날 수 있을까? … 81

 인공지능과 관련된 미래 직업 … 88

인공지능과 관련된 미래 직업에는 무엇이 있을까? … 89
뇌 유형에 따른 인공지능 직업을 찾아보자 … 96

 인공지능 과학자가 되려면 … 102

 인공지능 과학자가 하는 일 … 104

인간의 뇌를 흉내 내다 … 105
인공신경망은 어떻게 학습할까? … 111
알파고의 공부 비법, 딥러닝 … 117

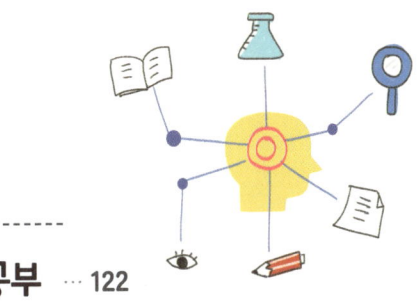

💡 02 경험과 공부 ···122

현역 인공지능 과학자들에게 배우다 ···123

💡 03 꿈꾸는 이들을 위한 Q&A ···128

Q1 인공지능 개발자가 되려면 어떤 과정을 거쳐 공부해야 할까요? ···129
Q2 인공지능 과학자가 되려면 어떤 대학 어떤 학과로 진학하는 게 좋을까요? ···131
Q3 인공지능 개발자가 되려면 대학원 진학과 유학이 필수일까요? ···134
Q4 미래 직업으로서 인공지능 개발자의 전망은 어떤가요? ···137
Q5 어떤 재능과 적성이 인공지능 개발자에 적합할까요? ···143
Q6 초등학교 때 어떤 경험을 해 보면 좋을까요? ···147

|부록| 과학을 좋아하는 학생들을 위한 최적의 학교 ···149

와우! 인공지능!

> 인공지능에 대해서 좀 더 자세히 알고 싶어 하는 호기심 많은 여러분, 만나서 반가워. 나 미래지가 지금부터 여러분에게 우리 곁에 있는 인공지능을 하나씩 소개해 줄 거야. 인공지능이 영화 예고편도 만들고 대학 입학 시험도 본다니 정말 놀랍지 않니?

인공지능을 만나다

요즘 사람들의 관심이 가장 많이 쏠리는 분야 가운데 하나는 단연 '인공지능'이다. 말 그대로 사람처럼 생각하고 판단할 수 있는 능력을 가진 인공지능은 이제 더 이상 상상 속 특별한 이야기가 아니다. 이미 다양한 모습으로 나타나 우리와 더불어 살아가기 시작했다.

🧒 신이야! 이거 봐. 인공지능이 만든 영화래.

👦 싫어, 안 볼래. 이젠 영화까지 만들고! 우리가 클 때쯤이면 못할 일이 없겠어.

👧 아니야. 인공지능이라고 모든 걸 다 잘하진 않아. 혁이가 들고 온 건 그저 영화 예고편일 뿐이야. 사람이 만들어 놓은 걸 인공지능이 짧게 편집한 것이지.

영화 예고편을 만든 왓슨

왓슨이 제작한 〈모건〉 예고편의 한 장면

비밀 연구소에서 탄생한 인공지능 슈퍼 휴머노이드의 반란을 다룬 SF 스릴러 영화 〈모건 morgan〉(2016년 제작)의 예고편은 바로 IBM의 인공지능 컴퓨터 왓슨이 만들었다. 왓슨은 이 예고편을 위해 비슷한 호러·스릴러 장르 영화 100편을 보고 분석했다. 영상과 오디오가 지닌 특성을 파악한 왓슨은 〈모건〉에서 예고편으로 쓸 만한 장면 10개를 뽑아서 6분 만에 예고편을 편집해 냈다. 전문가가 다시 매만지기는 했지만 오롯이 사람의 힘으로만 만든다면 열흘, 더 나아가 몇 개월이 걸릴 수도 있는 일이었다.

- 세상에! 6분 만에 했대. 못하는 게 뭐야?
- 신이야! 인공지능이 못하는 걸 하나 알려 줄까!

대학 입시를 치른 도로보군

일본 국립정보학연구소가 개발한 인공지능 도로보군은 도쿄 대학교 합격을 목표로 2013년부터 꾸준히 대학 입시에 도전했다. 그러나 안타깝게도 재수, 삼수, 사수까지 했지만 결국 대학에 가지는 못했다. 뜻밖에도 인공지능 도로보군이 기록한 점수가 도쿄 대학교 합격선에 한참을 못 미치는 성적이었기 때문이다. 수학과 세계사에서 뛰어난 성적을 보였지만, 국어인 일본어와 영어 과목에서 좋은 점수를 내지 못한 것이 결정적인 이유였다. 인간의 언어를 두루 이해하는 독해력에서 한계를 보인 것이다.

> 하지만 인간 고유의 영역으로 알려졌던 바둑에서는 인공지능이 인간계 최강 이세돌을 이겼잖아요!

바둑의 달인 알파고

알파고는 구글의 슈퍼컴퓨터에 탑재된 바둑 전용 인공지능 프로그램이다. 알파고가 탑재된 구글의 컴퓨터에는 1,202개의 CPU와 176개의 GPU가 들어 있다. 우리가 쓰는 개인용 컴퓨터에는 대부분 1개의 CPU가 들어 있으니, 알파고는 1,202개의 컴퓨터로 구성된 인공지능인 셈이다. 뛰어난 연산 능력을 바탕으로 알파고는 한 수를 대부분 1분 30초 안에 둔다.

2016년 3월, 알파고는 인간 바둑 챔피언 이세돌 9단과의 대국에서 4대 1로 승리를 거뒀다. 바둑은 인간이 만든 가장 복잡한 게임으로 아무리 컴퓨터라도 인간을 이기기 어려운 분야로 꼽혔다. 실제로 대국 전까지 이세돌 9단 역시 자신의 승리를 확신했으며 전문가들도 대부분 이세돌의 승리를 예측했다. 알파고가 이세돌과 대결하기 5개월 전, 유럽 챔피언인 판후이 2단을 이긴 적이 있었는데, 이세돌 9단은 이 대국을 보고 자신의 승리를 확신했던 것이다.

그러나 결과는 뜻밖이었다. 겨우 5개월 만에 알파고의 실력이 이 정도로 향상되리라고는 누구도 예측하지 못했다. 이세돌 9단 같은 천재 바둑 기사가 10년을 공부해도 이루기 어려운 실력 향상이었기 때문이다.

알파고는 16만 개의 기보(바둑을 둔 순서를 기록한 것) 데이터를 가지고 학습을 시작했다. 판후이 2단과 대결을 한 뒤로 5개월여 동안 자기 자신과 무려 128만 번의 대국을 진행하며 실력을 향상시켰다. 128만 번이라는 횟수는 이세돌이 아무것도 안 하고 바둑만 둔다고 해도 천 년이 걸리는 엄청난 횟수다.

대단한 알파고 vs. 위대한 이세돌

1996년 2월 딥 블루가 인간 체스 세계 챔피언 카스파로프를 상대로 이겼을 때도 인류는 충격에 빠졌다. 체스는 규칙에 따라 가능한 게임의 수가

인공지능 알파고와 프로 바둑 기사 이세돌 9단의 대국 장면

10의 120승이라고 한다. 딥 블루는 1초에 200만 가지의 서로 다른 상황을 계산할 수 있었고 6~8수 앞을 내다보고 말을 움직였다. 바둑은 400수 정도에서 끝나는 현실적인 게임 개수만 계산해도 10의 800승으로 추산될 만큼 복잡하다고 알려져 있다. 딥 블루가 바둑의 첫 네 수를 계산하는 데는 83초가 걸린다. 하지만 여덟 수가 진행되면 경우의 수가 상상을 초월하게 늘어나 딥 블루의 능력으로도 4만 년이 걸린다. 바둑판에 돌을 모두 채우는 경우의 수는 어떤 슈퍼컴퓨터로도 계산할 수 없기에, 바둑은 영원히 인간 고유의 영역으로 남을 것이라 여겨졌다. 그랬던 바둑에서 알파고가 해낸 것이다. 이세돌은 알파고와 대국을 한 뒤에 이렇게 말했다.

"알파고가 나를 이겼다. 그러나 알파고가 바둑의 아름다움을 느끼면서 두었다고는 생각하지 않는다. 나는 그것만으로도 만족한다."

- 패배 속에서도 아름다움을 느낄 수 있는 건 역시 인간만의 영역이야.
- 알파고의 지능에 대해 더 알고 싶어요.
- 잠깐, 그건 뒤에서 자세히 얘기하마. 그 전에 알아야 할 사람이 있어.

세계적인 인공지능 과학자를 만나다 1
알파고의 아버지, 데미스 하사비스

하사비스는 열한 살 때부터 인공지능 개발자가 되는 것이 꿈이었다. 당시 체스에 푹 빠져 있던 어린이 하사비스는 체스 게임을 만들 때 사용하는 알고리즘을 공부해 '오셀로'라는 게임을 만들어 냈다.

오셀로 게임
앞뒷면이 흰색과 검은색으로 된 돌을 정사각형 모양의 판에 번갈아 놓는 게임이다. 양끝에 같은 색 돌이 놓이면 그 사이에 있는 돌은 모두 끝에 놓인 돌과 같은 색이 되는데, 모두 두었을 때 색이 더 많은 쪽이 이긴다.

오셀로 게임을 만든 하사비스는 남동생을 불러 자신이 만든 프로그램과 대결시켰다. 복잡하지는 않았지만 뛰어난 능력을 지닌 이 프로그램은 인간인 동생을 이겼다. 그 모습을 보며 하사비스는 이런 프로그램을 만드는 일에 더욱 매력을 느꼈다.

인간을 대신해서 컴퓨터가 생각할 수 있다면 어떨까? 그래서 사람이 자거나 쉬는 동안에도 계속 해결책을 내놓는다면 얼마나 좋을까? 자신이 만든 프로그램이 오셀로 게임에서 승리를 거두고 이를 통해 기계가 인간의 일을 대신하게 만들면 어떨까 하는 아이디어를 얻은 하사비스는 인공지능 개발자가 되겠다는 꿈을 키워 가다 "지능을 해결하고 이를 바탕으로 세상을 더 좋은 곳으로 만든다"는 비전 아래 딥마인드를 창업했다. 그리고 마침내 이전에는 보지 못했던 새로운 인공지능을 선보였다.

2015년 발표한 'DQN(Deep Q-Network)'은 이전에는 없던 새로운 차원의 인공지능으로, 무려 49가지의 게임을 스스로 플레이했다. 특히 벽돌 깨기 게임에서 인공지능은 횟수가 거듭될수록 인간 최고수의 수준에 도달했다. 이 인공지능은 인간이 게임하는 모습을 지켜보는 것으로 스스로 학습했을 뿐만 아니라 시행착오를 거쳐 벽돌을 가장 효과적으로 깨는 전술도 발견해 냈다. 이 인공지능이 발표되자 구글은 딥마인드를 무려 4억 달러(우리 돈 약 4천 8백억 원)에 인수한다. 하사비스는 자신이 개발한 인공지능 알고리즘에 구글이 갖고 있는 뛰어난 컴퓨터 성능과 빅데이터를 결합해 마침내 인간이 만든 가장 어려운 게임인 '바둑'에 도전하는 알파고를 탄생시켰다.

빅데이터

디지털 환경에서 생산되는 수치, 문자, 영상을 포함한 모든 규모의 정보를 가리킨다. 이 빅데이터를 수집하고 분석해 알기 쉽도록 처리하면 미래를 내다보고 그에 따른 최적의 대응 방안을 내놓을 수 있을 것으로 보인다.

2012년 세계경제포럼이 떠오르는 10대 기술 중 가장 처음으로 꼽는 것도 바로 빅데이터 관련 기술이다.

전 세계가 가장 많이 쓰는 인공지능, 구글

 전 세계 사람들이 사용하는 검색 엔진 구글에서는 하루에 약 12억 번의 검색이 이루어진다. 우리가 구글 검색창에 찾고자 하는 단어를 입력하면 구글은 이 단어와 관련된 정보를 볼 수 있는 다양한 웹사이트를 보여 준다. 예를 들어 한글로 '인공지능'이라는 단어를 입력하면 0.44초 만에 6백만 개의 자료를 찾아 주고, 영어로는 무려 0.5초 만에 6천 8백만 개의 자료를 찾아 준다.

 사용자가 검색으로 찾아낸 자료를 클릭할 때마다 구글의 인공지능 검색 엔진은 검색한 단어와 사용자가 클릭한 자료가 어떤 연관이 있는지 학습한다. 이 자료를 통해 학습한 결과가 축적되어 나중에는 검색 순서가 바뀐다. 하루 12억 번의 검색이 이루어진다는 구글의 검색 엔진은 하루에 12억 번 학습을 하는 셈이다. 구글은 하루 12억 번의 검색을 통해 수집되고 생성되는 빅데이터를 분석하고 처리한다. '구글이 곧 인터넷이다'라는

말이 있을 만큼, 현재 전 세계에서 빅데이터 기술로 가장 앞선 기업이 바로 구글이다.

- 신이가 아이돌 가수들을 자주 검색하면 신이의 컴퓨터엔 아이돌 콘서트 광고가 먼저 뜨는 거야. 혁이에겐 게임 광고가 먼저 뜨겠지?
- 와! 대체 어떻게 아는 거지?
- 검색 자료를 통해 얻은 빅데이터를 분석해서 구글이 맞춤형 광고를 하는 거야. 맞춤형 온라인 광고는 구글 매출에서 가장 큰 비중을 차지할 만큼 중요하단다.

# 비서 역할을 하는 인공지능

영화 〈아이언맨〉에 등장하는 '자비스'는 집안 관리와 전투에 대해 조언하고 아이언맨 슈트 제작에도 도움을 주는 비서 기능의 인공지능이다. 이런 인공지능에게 키보드나 마우스를 사용하기보다는 영화처럼 말로 명령을 할 때 2배에서 3배가량 빠르게 일을 처리할 수 있다. 타이핑은 1분에 40단

영화 〈아이언맨〉에 등장하는 '자비스'

어 정도를 칠 수 있지만 말은 150단어가 가능하기 때문이다. 개인 비서 기능을 하는 인공지능은 검색 기술, 음성 인식 기술 등 각 기업의 인공지능 기술이 총동원되어 개발된다. 최고의 음성 인식 비서가 되기 위해 구글, 애플, 마이크로소프트, 아마존이 각축을 벌이고 있다. 이 전쟁에 중국도 뛰어들었고 우리나라도 개발에 나서고 있다.

구글 어시스턴트

구글 인공지능 기술의 모든 것이라고 해도 될 만큼 구글이 온 힘을 기울이고 있다. 구글 어시스턴트는 구글에서 출시한 스마트폰 '픽셀'에 탑재되어 있다. 사용자의 일정 관리는 물론이고 호텔이나 음식점 예약, 집 안 가전 제품 제어까지 이 폰 하나로 가능하다.

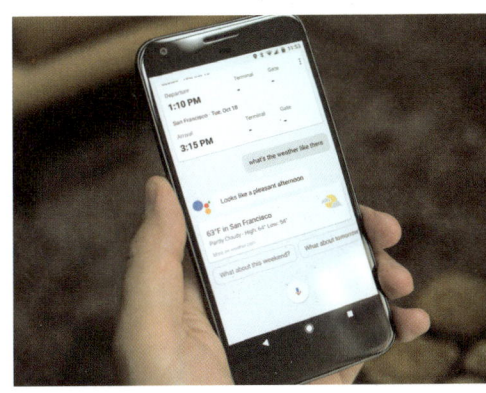

스마트폰에 탑재된 구글 어시스턴트가 일정을 알려 주고 있다.

시리

애플의 스마트폰인 아이폰에 탑재된 최초의 음성 인식 개인 비서 인공지능이다. 애플의 데이터베이스에 연결되어 작동하는데, 전 세계 사용자의 경험을 통해 학습이 이루어진다. 음성으로 전화를 걸고, 메시지를 녹음하고, 날씨나 스포츠 정보 등을 물어보면 검색해서 알려 준다. 가끔은 농담을 알아듣고 대꾸한다. 개인 비서 인공지능 중에서 유일하

아이폰에서 사용하는 시리는 음성으로 명령을 내릴 수 있다.

게 한글로 명령을 내릴 수 있다.

알렉사

아마존에서 만든 스피커인 '에코'에 탑재된 인공지능이다. 미국에서만 400만 대가 넘게 팔린 인기 제품이다. 날씨를 물어보면 알려 주고, 라디오나 음악도 들려준다. 피자도 시킬 수 있다.

인공지능이 탑재된 스피커 에코

코타나

마이크로소프트가 만든 음성 인식 개인 비서 인공지능이다. 마이크로소프트에서 출시되는 스마트폰과 윈도우 10이 설치된 컴퓨터에서 사용할 수 있는 것이 특징이다.

마이크로소프트 윈도우의 코타나

두미

중국을 대표하는 검색 엔진인 바이두에서 만든 음성 인식 개인 비서 인공지능이다. 식당 예약, 음식 배달 주문, 영화 티켓 예매 등을 음성만으로 할 수 있다. 스마트폰에서도 사용할 수 있으며, 귀여운 모습의 로봇으로도 출시되었다.

음식 주문을 받는 두미

누구

우리나라 SK텔레콤에서 출시한 국내 최초의 음성 인식 개인 비서다. 알렉사처럼 스피커에 탑재되어 있으며 스마트폰에서는 앱을 다운받아 이용할 수 있다. 스마트홈 서비스에 연결하면 집 안의 조명을 조절하고 가전제품을 제어할 수 있다.

SK텔레콤의 인공지능 스피커 누구

비브

시리 개발자들이 만든 새로운 인공지능 음성 인식 개인 비서다. 집으로 가는 길에 피자를 주문하라는 명령을 내리면 시리는 저장된 연락처로 전화를 걸거나 웹사이트로 연결하지만 비브는 가는 길에 있는 피자 가게의 위치

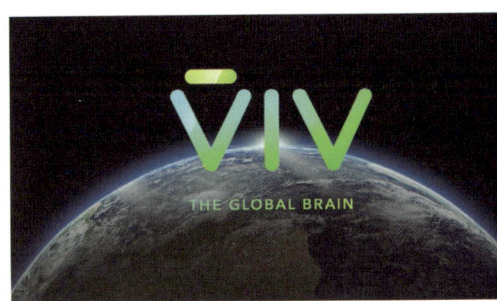

인공지능 음성 인식 개인 비서 비브

와 메뉴까지 보여 준다. 어떤 토핑을 올릴지도 알아듣고 주문할 수 있다. 시리는 아이폰에 설치된 몇 가지 앱만 가동시키고 나머지 명령은 대부분 검색으로 처리하지만 비브는 100만 개가 넘는 프로그램과 연동되어 있다. 비브는 스마트폰만이 아니라 가전제품 등 모든 것의 연결을 목표로 한다. 2016년 10월 삼성전자가 비브를 개발한 비브 랩스(VIV Labs)를 인수했다. 2017년 삼성이 선보인 스마트폰 '갤럭시 S8'에는 인공지능 빅스비가 탑재되어 있다.

🧒 그래도 〈아이언맨〉에 나오는 자비스보다는 못한 것 같아요.

🧑 그래, 영화를 보니 자비스는 굉장한 인공지능인 것 같더구나.

세계적인 인공지능 과학자를 만나다 2
음성 인식 기술을 선도하는 앤드루 응

아버지가 사 준 컴퓨터로 프로그램을 배운 앤드루는 여섯 살 때부터 스스로 학습하고 예측할 수 있는 소프트웨어를 만드는 데 빠져들었다. 고등학생 때는 싱가포르 대학의 인턴십 프로그램에 참여해 신경망 코딩을 해냈다. 이는 당시 컴퓨터로는 선보일 수 없었지만 오늘날 딥러닝 알고리즘의 초기 버전이었다고 한다.

2011년 앤드루는 구글에서 16,000개의 CPU로 딥러닝을 이용한 인공지능을 만들었다. 이 인공지능은 단지 유튜브 동영상을 보는 것으로 학습을 진행했고 그 결과 스스로 고양이를 인식하는 데 성공했다. 앤드루가 개발한 이 기술은 구글의 스마트폰 운영 체제인 안드로이드에 사용되고 있다.

2014년부터 2017년 4월까지 앤드루는 바이두에서 설립한 인공지능 연구소 수석 과학자로서 인공지능 연구를 이끌었다. 바이두에서 개발한 음성 인식 인공지능 시스템인 '딥스피치'는 중국어와 영어를 인식할 수 있는데, 소음 속에서 구글의 음성 인식 시스템보다 더 정확하게 인식한다. '딥스피치'는 매사추세츠 공대《테크놀로지 리뷰》에서 2015년 10대 혁신 기술로 뽑히기도 했다.

이미지를 인식하는 인공지능

인공지능 기술은 이제 사람의 말을 알아듣고 반응하는 음성 인식 기술을 넘어 직접 보고 판단하는 이미지 인식으로 나아가고 있다. 페이스북, 구글은 이미 얼굴 인식 인공지능을 개발했다. 중국의 최대 전자 상거래 업체인 알리바바도 최근 얼굴 인식 인공지능 개발에 성공했다. 알리바바는 온라인 상거래에서 이 얼굴 인식 기능으로 본인 확인을 할 예정이다. 페이스북은 사용자들이 올린 사진을 인식해서 사람을 찾아 주기도 한다.

이렇듯 인공지능은 사람의 얼굴을 구분해 낼 뿐만 아니라 사진을 보고 적절한 설명을 하는 수준까지 발전했다. 이 기술을 이용하면 시각장애인들이 인터넷을 하며 이미지에 대한 설명을 들을 수 있고, 더 나아가 인공지능 개인 비서와 옛날 사진을 보고 대화를 나눌 수도 있다. 또 범죄자 감시 등에도 활용할 수 있다.

딥페이스

얼굴 인식 중인 딥페이스

페이스북에서 개발한 얼굴 인식 인공지능이다. 페이스북에 사진을 올리면 사진 속 인물의 이름을 알아내는데, 정확도는 인간과 비슷하다. 얼굴 사진에 67개의 점을 찍어서 윤곽과 특징을 찾아 얼굴을 분석한다. 어릴 적 사진과 나이 든 이후 사진을 보고도 같은 사람이라는 것을 파악할 수 있으며, 심지어는 성형 수술 이후의 사진으로도 수술 전 사진 속 사람을 알아본다.

페이스넷

페이스북에 맞서 구글이 개발한 얼굴 인식 인공지능이다. 구글은 1만 3천 명의 얼굴 사진이 있는 데이터를 가지고 실험한 결과 100%에 가까운 정확도를 기록했다. 2억 6천만 명의 얼굴 사진을 가지고 진행한 실험에서도 86% 이상의 정확도를 보였다고 한다. 단순히 두 얼굴이 같은 얼굴인지 확인하는 수준을 넘어 이름도 알려 주며 여러 얼굴 중 가장 비슷하거나 다르게 생긴 얼굴도 구분해 낸다.

# 통역·번역을 하는 인공지능

통역·번역 인공지능은 인공지능이 초창기부터 도전하던 분야였으나 실패를 거듭해 왔다. 하지만 인공지능 학습력을 높이는 딥러닝 기술이 개발된 이후로 눈부시게 발전하고 있다.

구글의 신경망 번역 시스템

현재의 구글 번역기 성능을 크게 향상시킨 새로운 번역 인공지능이다. 최근 구글 테스트에 따르면 스페인어를 영어로 번역할 때 평균 5.1점을 받은 인간에 비해 기존 구글 번역기는 3.6점이었다. 이 테스트에서 구글 신경망 번역 시스템은 5점을 받았다. 중국어-영어 번역을 먼저 출시한 후 다른 언어에도 확대할 예정이다.

이미지 속 중국어를 영어로 번역해서 보여 줄 수 있다.

페이스북의 다중 언어 조정기

전 세계 44개국 언어로 자동 번역해 주는 인공지능을 기반으로 한 기술이다. 페이스북에 글을 올릴 때나 다른 사람이 올린 글을 읽을 때도 사용할 수 있다.

파파고와 지니톡

우리나라에서 개발한 통역·번역 인공지능 앱이다. 지니톡은 여행과 관광 분야에 특화되어 있다. 2018년 평창 올림픽에 맞춰 영어, 일본어, 중국어, 스페인어, 프랑스어, 독일어, 러시아어, 아랍어, 총 8개국 언어를 자동 통역해 준다. 파파고는 일본어, 중국어, 영어를 통역·번역해 주는데, 사진 속 문자까지도 가능하다.

지니톡과 파파고

- 와! 이제 외국어 공부 안 해도 되겠네!
- 아니야. 그럴수록 공부해야지! 기계가 하는 통·번역은 단순한 정보 전달일 뿐이야. 사람은 정보만 전달하기 위해 말하는 게 아니거든…….
- 에이, 좋다 말았네요!
- 하하하! 그건 계산기가 발명되고 컴퓨터가 발전해도 너희가 계속 수학을 배우는 것과 마찬가지야.

통역, 번역가들은 사라질까?

인공지능의 번역과 통역이 자연스러워지면서, 지금껏 그 역할을 해 오던 번역가와 통역가라는 직업이 아예 사라지지 않겠냐는 우려가 나온다. 그러나 통역과 번역은 제2의 창작이라고 할 만큼 어려운 작업이다. 단순히 이 언어를 저 언어로 해석하는 것이 아니라 그 언어를 사용하는 문화권의 정서와 의도를 가장 잘 전달하는 단어와 표현을 골라 내야 하는 복잡한 작업이다. 단어의 뜻과 두 나라의 문법은 기본이고, 나라별 정서와 역사, 문화 등까지 깊이 있게 파악해야 가능한 작업인 것이다. 따라서 아무리 인공지능이 번역이나 통역을 한다고 해도 그 말이나 문장을 보고 판단을 내리는 것은 인간의 몫이다. 인간만이 '생각'을 할 수 있기 때문이다.

기계 번역 시대의 외국어 학습

인간은 언어를 사용해 정보 이외에도 감정과 정서를 전달할 뿐만 아니라 친밀감도 나눈다. 기계 통·번역이 아무리 완벽하다고 해도 인간이 느끼는 감정과 정서까지 정확히 전달하기는 어렵다. 우리는 일부러 틀린 문장을 쓰기도 하고 몇몇 단어를 다르게 쓰거나 생략하기도 한다. 이때 기계는 말 너머에 숨은 내용까지는 알아채지 못한다. 예를 들어 "덥지 않아?"라고 할 때는 이 말 속에 '덥다'라는 정보 이외에도 '더우니까 창문을 열자'거나 '겉옷을 벗어', '밖으로 나가자', '내 곁에서 떨어져' 등과 같이 수많은 의도를 담고 있는 것이 인간의 언어다.

자율 주행 인공지능

전 세계 수많은 사람들이 교통사고로 다치거나 생명을 잃는다. 또한 자동차 대부분은 하루에 한두 시간만 움직이고 나머지 시간에는 주차되어 있는, 효율이 낮은 기계다. 이런 자동차의 특성과 거기서 비롯되는 문제점들을 고려해 자율 주행 인공지능을 개발 중이다. 프랑스, 이탈리아, 스위스, 일본 등에서는 이미 자율 주행 버스가 운행되기 시작했다. 자율 주행 인공지능은 교통사고를 줄이고 자동차를 효율적으로 활용할 수 있는 가장 좋은 대안으로 꼽힌다. 전문가들은 2035년이 되면 세계에서 판매되는 차 4대 중 1대는 자율 주행 자동차일 것이라 전망한다.

자율 주행 자동차의 자동화 단계는 0~4단계로 나뉜다. 4단계는 운전자가 전혀 조작하지 않는 완벽한 자율 주행 단계다. 고급차 대부분은 차와 차 사이의 거리를 스스로 유지하고 속도를 조절하며 장애물을 피하는 2단계 기술을 갖추고 있다. 현재는 3단계 기술을 완성하기 위해 노력 중이다.

3단계는 목적지를 입력하면 자동차 스스로 경로를 설정해 방해물을 피해 가면서 목적지에 도달할 수 있는 수준이다.

> ➕ **자율 주행 자동차는 어떻게 주변 상황을 파악할까?**
>
> 자율 주행 자동차는 사람의 눈을 대신해 카메라, 초음파 센서, 레이더와 라이다를 장착하고 있다. 카메라는 차선과 주위의 다른 차, 보행자와 도로에 있는 장애물을 파악하고 자신과의 거리는 레이더가 측정한다. 초음파 센서는 가까운 거리에 있는 차량을 보고 주로 주차할 때 쓰인다. 최근 개발된 라이다는 360도로 회전하면서 재빨리 주변 상황을 파악하는데, 인공지능은 이 모든 센서들이 보내는 정보를 종합해서 판단하고 운전한다.

구글카

2009년 시범 운행을 시작해 300만 킬로미터를 달렸다. 현재 2020년 출시를 목표로 하고 있다. 아직 3단계에 머물러 있지만 구글은 운전대와 브레이크, 가속 페달이 없는 4단계의 완전 자율 주행을 목표로 개발 중이다.

엔비디아 드라이버 PX 2

GPU를 만드는 엔비디아에서 만든 자율 주행 전용 슈퍼컴퓨터다. 초당 2,800개의 이미지를 인식하여 사람, 주변 자동차나 장애물 등을 파악한다. 최신 맥북 150대에 맞먹는 성능을 갖고 있지만 크기는 어른 손바닥만 하다. 학습 능력을 가진 인공지능이 탑재되어 있어 마치 사람처럼 운전을 배운다.

💬 영화 〈아이로봇〉에도 자율 주행 자동차가 나오지. 등장 인물이 "수동 운전 모드로 바꾸자"고 하자 옆자리 박사가 "위험하게 요즘 누가 직접 운전해요"라고 대꾸하는 장면이 인상적이야.

🧠 자율 주행 인공지능 드론

알프스에서 길을 잃은 사람을 찾기 위해 개발한 인공지능 드론은 스스로 길을 찾고 스스로 비행한다. 해상도가 뛰어난 카메라 두 대를 달고 있으며 인공지능 알고리즘을 적용했다. 약 2만 장의 숲길 사진을 통해 숲길을 자동으로 알아낼 수 있다.

> ➕ **드론을 잡는 독수리**
>
> 2016년 2월 네덜란드 경찰은 무허가 드론을 잡는 독수리 훈련 영상을 공개했다. 동영상에서는 날아다니는 드론 한 대를 독수리가 우아한 몸짓으로 낚아채고 있다. 독수리는 프로펠러의 날개를 확인하고 이를 피해 드론의 몸체를 정확하게 잡아챘다. 아직 훈련 단계이지만 총을 쏘는 방법보다 드론의 파손을 줄일 수 있다고 한다. 영국 《가디언》에 "드론과 싸우는 독수리-자연의 위대함을 일깨우다"라는 제목으로 소개되었다.

😀 와우, 이것도 대단한데!

💬 하지만 자연을 이길 수는 없나 봐. 이게 바로 모라벡의 역설이지. 과연 로봇이 새처럼 우아하고 힘차게 날아다닐 수 있을까?

자율 주행 차는 인간에게 이롭기만 할까?

우리 모두 자율 주행 자동차를 갖고 있다면 어떤 일이 벌어질까? 생각처럼 긍정적인 면만 있지는 않다. ① 사고가 일어났을 때 책임을 누구에게 물을 수 있을까? 탑승자? 제조업자? 시스템 프로그래머? 아니면 자동차? 답하기 어려운 질문이다. ② 고속도로에서 갑자기 컴퓨터처럼 먹통이 되면 어떡할까? 이는 컴퓨터를 껐다 켜는 것과는 차원이 다른 문제다. ③ 자동차가 나에 대한 정보를 수집해 기업에 몰래 넘기거나 누군가 내 차를 해킹하면 어떻게 될까? ④ 자율 주행 자동차로 대규모 실업이 발생하고 그에 따른 혼란이 일어나면 어떡할까?

"자율 주행 자동차는 누군가를 반드시 죽이도록 프로그래밍되어야 한다"는 트롤리의 딜레마가 있다. 오른쪽 그림은 영국 철학자 필리파 푸트가 제시한 극단적인 상황에서 윤리적인 문제를 자율 주행 자동차에 적용시킨 그림이다. 브레이크 시스템이 고장 났다고 가정했을 때 자율 주행 자동차는 어떤 선택을 해야 할까?

〈아이로봇〉

SF 소설가 아이작 아시모프의 『나는 로봇』을 원작으로 한 작품이다(2004). 더 많은 기능과 지능을 갖춘 로봇 출시를 앞두고 개발자가 죽는 사건이 일어난다. 주인공인 델 형사는 이 사건을 자살이 아니라 타살로 보고 수사에 들어간다. 인공지능이 보편화된 2035년을 배경으로 범죄를 저지르는 로봇이 등장한다.

A에서 만약 한 명의 보행자가 우리 가족이라면, B와 C의 상황에서 차가 나를 보호하지 않겠다면, 나는 과연 자율 주행 자동차에게 모든 결정을 맡길 수 있을까?

전문가를 대신하는 인공지능

전문가 인공지능은 인공지능이 불러올 가장 큰 선물 중 하나다. 인공지능 의사는 더 정확한 질병 진단과 치료를 할 수 있으며, 인공지능 판사는 과거 판례를 찾는 수고를 줄여 준다. 간단한 재판은 그대로 맡길 수도 있다. 그러나 전문가 인공지능이 발달하면 그만큼 인간의 일자리가 줄어들 것이라는 우려도 있다.

인공지능 의사 왓슨

90대의 서버로 이루어진 슈퍼컴퓨터에 질병을 진단하고 가장 알맞은 진료 방법을 스스로 찾아내는 인공지능 프로그램을 설치했다. 그것이 바로 인공지능 의사 왓슨이다. 2013년 세계에서 가장 유명한 암 전문 병원인 미국 메모리얼 슬론-캐터링 암센터에 등장했다. 1,500건의 폐암 사례와 200만 장에 이르는 연구 자료를 학습해 정확한 폐암 치료 방법을 의사에

IBM의 슈퍼컴퓨터 '왓슨'

게 제안한다. 왓슨의 활약으로 이 암센터의 폐암 치료법은 40%에서 77%까지 정확도가 높아졌고, 이후 90%까지 올라갔다.

  암 진단에서도 뛰어난 능력을 보이는 왓슨은 대장암 98%, 방광암 91%, 췌장암 94%, 자궁경부암 100%로 인간 의사보다 뛰어난 정확성을 보였다. 왓슨은 영어, 일본어, 스페인어, 한국어를 할 수 있으며 2016년 우리나라 길병원에도 들어왔다.

인공지능 변호사 로스

로스는 왓슨의 플랫폼이 탑재된 IBM의 슈퍼컴퓨터다. 초당 10억 장의 법률 문서를 분석해 답변을 만들어 준다. 왓슨과 마찬가지로 사람의 말을 알아듣고 대화를 할 수 있다. 2016년에 미국 뉴욕에 있는 한 법률 회사에 파산 전문 변호사로 취업해 50여 명의 변호사들과 함께 일하고 있다.

인공지능 조교 질 왓슨

마찬가지로 왓슨의 플랫폼을 사용하는 인공지능이다. 조지아 공대에서 온라인 강의를 돕는 역할을 맡았다. 이름에 힌트가 있었지만 학생들은 몇 개월 동안 수업을 들으면서도 전혀 눈치채지 못했다. 왓슨은 4만 개 이상의 질문에 답변할 수 있도록 만들어졌다. 처음 몇 주 동안은 이상한 답변을 해서 일부 학생들이 의심하기도 했지만 곧 97%의 정확도를 보여 주었다. 개발자인 고엘 교수의 실토가 있기까지 학생들은 질 왓슨이 박사가 되기 위해 공부 중인 20대 백인 여성이라고 생각했다.

인공지능 금융 분석가 켄쇼

구글의 검색 엔진처럼 금융 관련 정보를 검색하는 검색 엔진 '워런'이 탑재되어 있다. 왓슨처럼 질문하면 자료를 조사하고 분석해 보고서를 만들어 준다. 금융 전문가 15명이 한 달여에 걸쳐 해야 하는 자료 정리를 단 5분

만에 해낸다. 금융 시장에 영향을 주는 9만 개 이상의 변수를 실시간으로 수집해 6,500만 개 이상의 질문에 동시에 답변할 수 있다.

> **➕ 전문가 시스템 인공지능과 일자리**
>
> 학습에 기반을 둔 인식 시스템과 달리 전문가 인공지능은 오랜 세월 동안 인간이 만들어 둔 정보를 기본으로, 거기서 원하는 전문 지식을 쉽고 빠르게 찾아 이용하는 인공지능 시스템이다. 앞으로 전문 지식을 바탕으로 하는 직업들이 사라질 것이라고 전망하기도 한다. 국세청의 연말정산 프로그램, 온라인 세금 납부처럼 세무사와 회계사가 담당했던 업무는 이미 컴퓨터에 밀려났다. 현재 뉴욕 증권거래소에서 이루어지는 주식 매매의 70%는 사람의 개입이 없는 알고리즘에 따른 것이라고 한다. 이렇듯 일부 전문직은 인공지능과 인간이 함께하는 시스템으로 바뀌고 있고 자동화가 가능한 부문은 인공지능으로 대체될 것이다. 그러나 인공지능이 인간보다 빠르게 자료를 찾아내지만 그 자료를 바탕으로 분석과 전망을 내놓지는 못한다.

😊 우리 아빠가 세무사로 일하시는데 어떡하지?

😃 걱정하지 마! 아빠가 인공지능한테 그리 쉽게 밀리지는 않을 거야!

세계적인 인공지능 과학자를 만나다 3
딥러닝·인공신경망의 아버지, 제프리 힌튼

 과학자 집안에서 태어나 과학자 말고는 다른 직업을 생각해 본 적 없다는 제프리 힌튼은 인공지능 연구를 이끄는 세계 3대 과학자 중 한 사람이다. 고등학교 때 뇌가 3차원 홀로그램처럼 작동한다는 것에 매료되어 평생 뇌를 연구하기로 결심했다. 대학에서 생리학, 심리학, 철학까지 공부했지만 답을 찾지 못하고 결국 인공지능으로 전공을 바꾸었다. 당시엔 인공신경망 이론이 틀린 이론이라고 비난을 받았다. 2000년 초반까지 인공지능을 연구하는 전문가가 채 여섯 명도 안 남을 만큼 참담한 시절이었다. 당시 이론으로는 3~4개 이상의 인공신경망을 쌓을 수도 없었고 이미 학습된 데이터에 집착한 나머지 미처 학습되지 않은 것은 처리하지 못하는 문제를 안고 있었다.

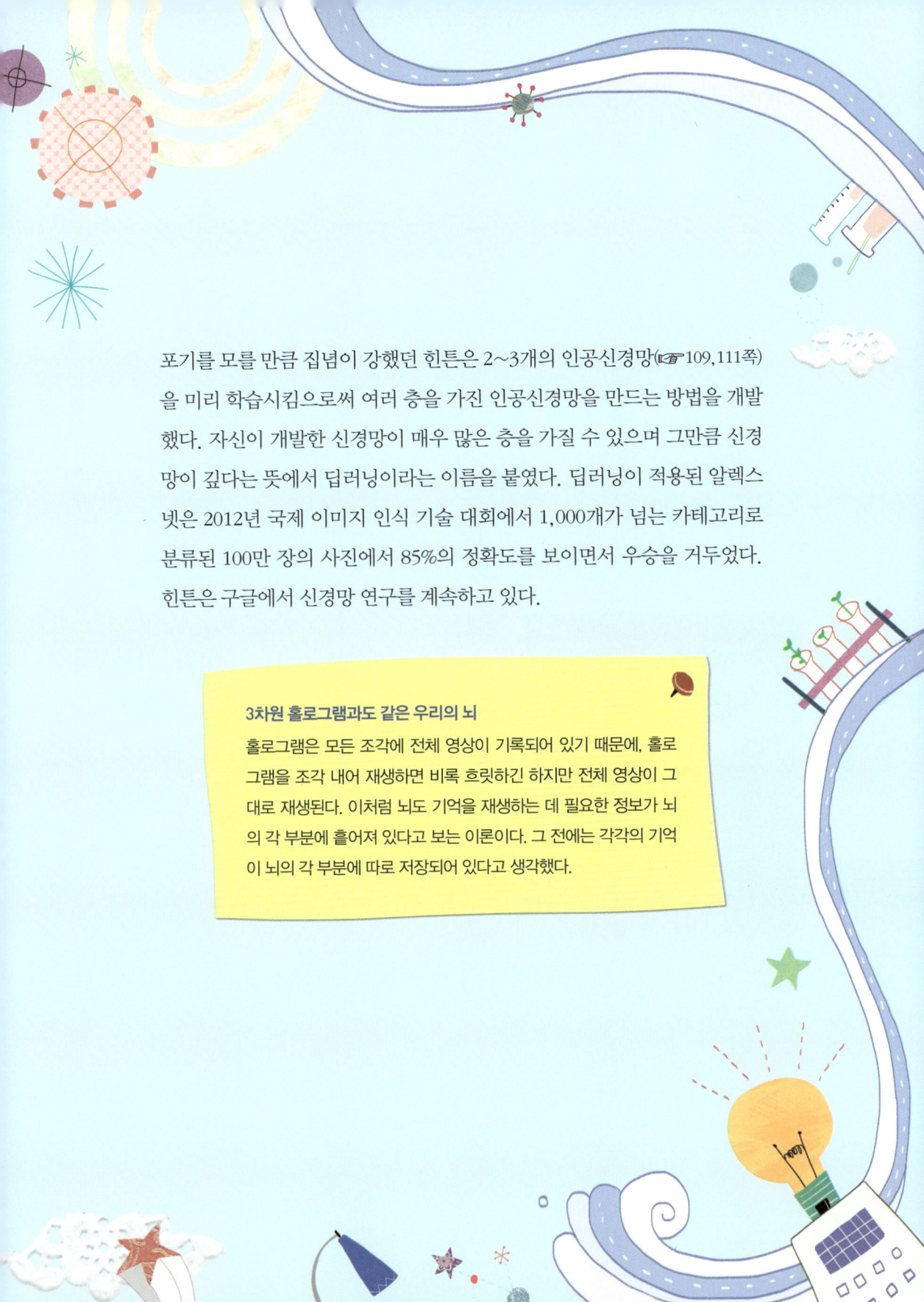

포기를 모를 만큼 집념이 강했던 힌튼은 2~3개의 인공신경망(☞109, 111쪽)을 미리 학습시킴으로써 여러 층을 가진 인공신경망을 만드는 방법을 개발했다. 자신이 개발한 신경망이 매우 많은 층을 가질 수 있으며 그만큼 신경망이 깊다는 뜻에서 딥러닝이라는 이름을 붙였다. 딥러닝이 적용된 알렉스넷은 2012년 국제 이미지 인식 기술 대회에서 1,000개가 넘는 카테고리로 분류된 100만 장의 사진에서 85%의 정확도를 보이면서 우승을 거두었다. 힌튼은 구글에서 신경망 연구를 계속하고 있다.

3차원 홀로그램과도 같은 우리의 뇌

홀로그램은 모든 조각에 전체 영상이 기록되어 있기 때문에, 홀로그램을 조각 내어 재생하면 비록 흐릿하긴 하지만 전체 영상이 그대로 재생된다. 이처럼 뇌도 기억을 재생하는 데 필요한 정보가 뇌의 각 부분에 흩어져 있다고 보는 이론이다. 그 전에는 각각의 기억이 뇌의 각 부분에 따로 저장되어 있다고 생각했다.

예술 영역까지 넘보는 인공지능

'넥스트 렘브란트'를 소개하는 웹페이지

인공지능 미술가 넥스트 렘브란트

마이크로소프트와 네덜란드 델프트 과학기술 대학교, 렘브란트 미술관이 개발한 인공지능 화가다. 이 인공지능 화가는 렘브란트처럼 그림을 그린다. 렘브란트의 그림을 2차원 스캔 기술로 디지털화해서 컴퓨터에 입력시키는 것으로 학습했다. "모자를 쓰고 하얀 깃 장식과 검은색 옷을 입은 30~40대 백인 남성을 그려라"라는 지시를 받고 그린 그림은 무려 900만 원에 팔리기도 했다.

🧠 인공지능 작곡가 마젠타와 쿨리타

마젠타는 2016년 구글에서 만들었다. 4개의 음표를 가르쳐 주고 작곡을 시키자 80초짜리 피아노곡을 작곡했다. 쿨리타는 예일 대학교 컴퓨터공학과 도냐 퀵 교수가 만들었다. 바하의 음악으로 학습했는데, 쿨리타는 스스로 바하의 곡을 분석해 바하의 음악적 요소를 재조합했다. 창조라기보다는 모방에 가까웠지만 음악적 소양이 있는 실험 참가자들이 곡을 듣고 실제 바하의 작품과 구분하지 못했다고 한다.

🧠 인공지능 소설가

일본에서 개발된 인공지능 소설가가 쓴 단편 소설이 2016년 '호시 신이치 문학상'에서 1차 예선을 통과했다. 응모작 1,450편 중 11편이 인공지능이 쓴 소설이었는데, 이 중 1편이 1차 예선을 통과한 것이다. 인간이 줄거리와 등장 인물을 설정한 상태에서 문장에 들어갈 요소를 정해 주면 인공지능이 상황에 맞는 단어를 골라 문장을 만드는 방식으로 소설을 쓴다. 인간이 80% 정도, 인공지능이 20% 정도 참여했다.

- 창작까지 하면 사람이 하는 일은 다 하는 거잖아요?
- 맞아! 예술가가 위험하면 모두가 위험한 것 아닌가요?
- 과연 그럴까? 예술이 과연 무엇인지 곰곰 생각해 보렴. 인공지능이 하는 예술을 과연 진짜 예술이라고 말할 수 있을까?

인공지능 시대의 예술가

인간이 수십 년간 훈련과 연습을 통해 얻을 수 있는 완성도를 인공지능은 단번에 획득할 수 있다. 하지만 예술은 기술만으로 평가받는 것이 아니다. 작가의 창작 의도가 있고 그 의도가 작품에 얼마나 잘 담겼는지도 함께 평가한다. 인공지능의 예술에는 의도가 없다. 단지 규칙과 특징을 분석해 비슷하게 만들어 낼 뿐이다. 설사 창작 의도를 설명하는 인공지능이 나타난다고 해도 예술은 여전히 인간만의 영역이다. 인공지능은 '왜?'라는 질문을 스스로 던질 수 없기 때문이다. 하지만 예술가 인공지능의 등장이 오히려 예술을 더 발전시킬 수도 있다. 지금까지와는 전혀 다른 형태의 예술이 나타날 수도 있다.

기술 복제 시대의 예술

사진술의 등장과 발달을 지켜본 철학자 벤야민(1892~1940)은 몇몇이 차지하고 누리던 예술의 특권이 기술 발전으로 무너지면서 더 많은 이들이 예술을 즐길 수 있도록 예술의 대중화가 일어난다고 내다봤다. 고전 미술이 현대 미술로 발전한 계기는 바로 사진기라는 기술 발전이었던 것이다. 사진으로 인해 똑같이 그리는 것에 의미가 없어진 순간 미술의 경계는 더욱 넓어졌다. 사진 예술과 영화 예술이 등장한 배경도 기술 발달에 있다.

옛날에는 음악을 들으려면 연주회에 가야 했고, 미술은 작품을 소유하지 않으면 좀처럼 감상할 수 없었지. 그래서 오랫동안 예술은 귀족들만 누리던 특권이었어.

〈바이센테니얼 맨〉

아이작 아시모프의 원작을 바탕으로, '사람이 되고 싶은 로봇' 이야기를 그린 영화다(2000). 가사도우미 로봇인 '앤드루'는 지적 호기심과 예술 창작의 욕구를 지닌 불량품이다. 자신과 더불어 지내던 사람들이 늙고 아프고 죽는 일에 괴로워한다. 법정 투쟁 끝에 사람으로 인정받고 사랑하는 사람과 결혼도 하는 앤드루는 인간으로 남기 위해 로봇으로서 영원할 수 있는 권리도 포기한다. '바이센테니얼 맨'은 200년을 산 사람이라는 뜻이다. 영화에는 로봇 앤드루가 인간처럼 꿈을 꾸는 장면도 나온다.

인간이 꿈에서 얻은 해답
1. 멘델레예프의 원소주기율표는 꿈에서 본 것을 토대로 완성했다.
2. 비틀즈의 폴 매카트니는 꿈에서 들은 멜로디에 가사를 붙여 명곡 〈예스터데이 Yesterday〉를 탄생시켰다.
3. 영국 소설가 찰스 디킨스의 소설들은 전부 꿈에서 영감을 얻었다.
4. 거북선을 만들기 전 이순신 장군은 불을 뿜는 거북이 꿈을 꾸었다.
5. 꿈에서 본 이상한 태양계는 닐스 보어의 원자 구조 이론이 되었다.

실제 '로보드림(RoboDream)'이라는 연구가 진행되고 있어. 낮에 모은 정보들을 우리가 꿈을 꾸듯 잠든 동안 분류하고 분석해서 인공지능 스스로 해답을 찾도록 말이야.

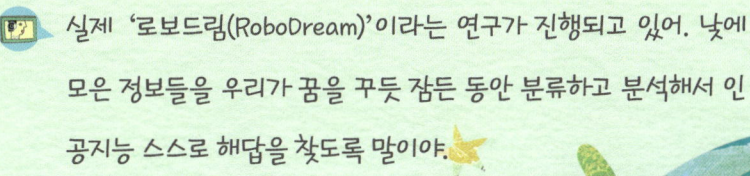

인공지능 사무원

인공지능 사무원은 인간이 하는 일 중에서 단조롭고 반복적인 정신노동을 대체해 줄 유용한 도구가 될 것이다. 인간은 이런 인공지능을 통해 단순한 업무에서 벗어나 더욱 더 창의적인 일에 시간과 노력을 쏟을 수 있다.

인공지능 기자, 워드스미스·테크봇·퀘이크봇

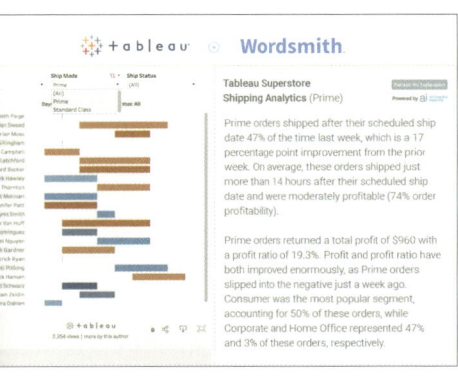

워드스미스가 작성한 기사

워드스미스는 《AP통신》에서 속보나 기업 실적 보도 등의 기사를 작성하고 있다. 테크봇은 한 주 동안 인기가 있었던 기사를 분석하는 내용의 기사를 작성한다. 《LA타임스》의 퀘이크봇은 로스앤젤레스에서 지진이 발생한 지 3분 만에 속보를 전하기도 했다. 인공지능 로봇 기자는 많은 데이터를 빠르게 정리하고 분석해서 기사를 작성해야 하는 금융, 스포츠, 날씨와 같은 분야에서 주로 활용된다.

- 미래엔 기자들이 사라지는 걸까?
- 아냐. 인공지능은 직접 취재를 할 수가 없잖아. 기사에 감성을 담아 낼 수도 없지. 대신 인공지능과 기자가 같이 일하는 시대가 올 거야.

인공지능 날씨 캐스터, 샤오빙

샤오빙은 마이크로소프트가 개발한 인공지능이다. 십대 소녀의 귀여운 목소리로 현재의 기상 상황을 분석하고 예측한다. 기상 자료를 통해 스스로 학습도 가능하기 때문에 실시간으로 기상을 분석해 날씨 안내 방송을 할 수 있다. 감성 기능을 갖춰 방송 진행자와 간단한 대화도 가능하다.

인공지능 해커, 메이헴

메이헴은 미국 방위고등연구계획국(DARPA)이 주최한 인공지능 해킹 대회인 '사이버 그랜드 챌린지'에서 1등을 차지한 인공지능 해커다. 상대방 시스템의 약점을 스스로 찾아내고 상대방의 공격을 방어하기도 한다. 그러나 세계 최대의 해킹 방어 대회에서는 인간 해커들에게 밀려 꼴찌를 차지했다. 하지만 대회 14위를 차지한 폴란드 해킹 팀과 마지막까지 치열하게 맞붙으면서 조만간 인간을 넘어서는 인공지능 해커가 등장할 수도 있다는 기대감을 높였다.

인공지능 휴머노이드, 아틀라스

아틀라스는 알파고처럼 스스로 생각하는 로봇이다. 무엇이 가장 좋은 판단인지 스스로 생각해 움직인다. 사람이 넘어뜨려도 중심을 잡고 일어서고 물건 위치를 바꿔도 정확히 찾아낸다. 손과 발을 이용해 장벽을 올라가고 팔굽혀펴기까지 할 수 있다.

아틀라스는 프로그램을 통해 입력된 수치에 따라서만 걸을 수 있는 일본의 아시모나 한국의 휴보 등과는 차원이 다르다. 인공지능을 통해 아틀라스는 마치 아기가 걷는 법을 배우듯이 자신의 시행착오를 거쳐 스스로 걷는 법을 학습할 수 있기 때문이다. 2015년 다르파 세계 재난 로봇 경진 대회에서 휴보에게 밀렸던 아틀라스는 인공지능을 장착한 지 불과 5개월 만에 문을 열고 나가 스스로 산책을 하기도 하고 비탈길을 올라갈 만큼 놀라운 발전을 보였다.

아틀라스

🧒👧 인공지능이 그렇게 똑똑하다니까 조금 두렵기도 해. 이러다 우리 사람들 일자리를 다 빼앗아 가면 어떡하지?

📱 그런 걱정이 드는 것도 사실이야. 하지만 과연 인공지능이 인간의 경쟁 상대이기만 할까?

➕ **"기계와 인간은 경쟁 관계가 아니다."**

"이미 디지털 기계가 인간을 뛰어넘은 영역에서도 인간은 여전히 핵심적인 역할을 하고 있다. 앞으로는 기계와 인간의 협업 관계가 긴밀해질 것이다. 기계를 어떻게 사용하느냐에 관건이 달렸다. 프리스타일 체스를 봐도 그렇다. 일반 컴퓨터를 지닌 아마추어가 슈퍼컴퓨터를 갖고 있는 프로 초고수를 이기는 경우가 속출한다. 결국엔 인간이다. 미래는 기계를 잘 활용할 수 있는 사람이 소득이 높을 것이다."
_앤드루 맥아피(매사추세츠 공대 교수), 『제2의 기계 시대』 중에서

프리스타일 체스는 컴퓨터의 유용성과 한계, 그리고 인간의 잠재력이 무엇인가를 보여 주는 경기란다. 인간과 컴퓨터, 즉 인간과 기계가 힘을 모을 때 가장 뛰어나다는 사실은 우리에게 많은 것을 생각하게 하지.

➕ **프리스타일 체스**

체스 세계챔피언 카스파로프가 1997년 슈퍼컴퓨터 딥 블루에게 패한 이후 체스의 인기를 다시 일으키고자 만든 경기 방식이다. 인간과 컴퓨터, 컴퓨터와 컴퓨터, 인간과 인간이 팀을 이루어 체스 경기를 할 수 있다. 컴퓨터가 모든 전술을 검토하고 마지막 판단은 인간이 내리는 '인간과 컴퓨터' 팀의 승률이 가장 높다.

꿈은 어떻게
만들어질까?

" 어떤 직업을 선택할까보다 더 중요한 것은 바로 어떤 꿈을 꿀까라는 걸 기억해. 꿈은 우리를 이끌어 주는 나침반 같은 존재거든. 꿈이 명확할수록 미래의 내 모습도 더욱 선명하게 그려 볼 수 있으니까 말이야. "

 꿈을 꾸는 과학자들

1950년 영국의 수학자 앨런 튜링이 생각하는 기계라는 아이디어를 떠올린 이후, 1956년 다트머스 대학에서 열린 회의에 모인 과학자들은 '생각하는 기계'에 '인공지능'이라는 이름을 붙여 주었다. 그러나 인류의 엄청난 기대와 지원 속에 시작된 인공지능 연구가 그에 걸맞은 성과를 내지 못하자 그 열기도 식기 시작했다. 연구 자금 지원이 끊기고, 인공지능이라는 이름으로는 연구를 이어가기도 어려워지면서 과학자들은 하나둘씩 인공지능의 곁을 떠났다. 그럼에도 끝까지 인공지능의 미래를 확신하는 과학자들은 힘든 환경에서도 연구를 멈추지 않았다.

마침내 2006년 제프리 힌튼 교수가 딥러닝을 개발하고 2012년 실제 딥러닝을 구현한 인공지능이 등장한 이후, 인공지능 분야는 다시 주목을 받고 있다.

앨런 튜링(1912~1954)은 현대 컴퓨터과학 전체를 관통하는 이론적 기반

앨런 튜링

을 다진 영국의 수학자다. 튜링은 빠르고 복잡하며 고장 잘 나는 계산기에 지나지 않았던 초기 컴퓨터에서 인공지능의 가능성을 봤다. '튜링 테스트'는 기계가 지능을 갖고 있는지를 판가름하는 기준으로, 1950년에 그의 제안으로 만들어졌다. 오늘날 학자들은 모든 논란을 잠재울 만큼 진정한 의미의 튜링 테스트를 통과한 인공지능은 아직 없다고 말한다.

> ➕ **튜링 테스트**
>
> 컴퓨터의 반응과 인간의 반응이 구분되지 않으면 그 기계는 생각할 수 있다고 여긴다. 2015년 영국의 레딩 대학교가 만든 '유진 구스트만'이라는 채팅 프로그램이 처음 이 테스트를 통과했다. 우크라이나 국적의 13세 소년으로 설정된 프로그램과 대화를 나누면서 심사위원 30명 중 33%가 진짜 인간이라고 판단했다. 하지만 반론도 만만치 않았다. 부족한 영어 실력과 상식을 숨기기 위해 프로그래머들이 국적과 나이를 우크라이나와 13세로 설정했다는 것이다.

 와우! 우리도 프로그램을 만들어서 도전해 보고 싶어지네요.

 좋지. 하지만 그 전에 인간의 '생각'이라는 것이 무엇인지 먼저 고민해 보면 좋겠구나.

인류가 지구를 지배할 수 있었던 가장 큰 이유는 무엇일까? 바로 생각을 할 수 있었기 때문이다. 생각이 가능했기에 도구를 만들 수 있었다. 사자와 호랑이보다 움직이는 속도도 느리고 힘도 약할뿐더러 날카로운 치아도 없었지만 대신 빠르게 움직이는 탈것을 만들고 무엇이든 제거하는 총칼을 만들 수 있었기에 지구의 지배자가 될 수 있었다.

미국의 다큐멘터리 제작자인 제임스 배럿은 인공지능을 인류가 만들어

➕ 중국어방 논증

언어철학자인 존 설이 튜링 테스트의 허점을 지적하기 위해 제시한 사고 실험이다. 먼저 방 안에 완벽하게 중국어를 할 수 있는 컴퓨터가 있다고 가정한다. 방 안에 질문이 들어오면 밖으로 답을 내보낸다. 이 컴퓨터의 소스 코드를 보면 사람도 이 과정을 따라 할 수 있다. 이제 중국어를 전혀 모르는 사람이 컴퓨터 대신 소스 코드를 들고 방 안으로 들어간다. 질문이 들어오면 소스 코드에 따라 진행한다. 이 사람은 중국어를 할 줄 안다고 말할 수 있을까? 그리고 컴퓨터는 정말 중국어를 할 줄 아는 것일까? 존 설의 사고 실험에서 중국어를 할 줄 아는 것은 오직 프로그램을 짠 프로그래머뿐이다.

내는 최종 발명품이라고 했다. 인공지능은 도구를 만들 수 있었던 인간의 생각 자체를 대신하는 도구이기 때문이다.

 1623년 빌헬름 쉬카르트가 최초로 덧셈과 뺄셈을 할 수 있는 기계식 계산기를 만든 이후, 인간보다 더 계산을 잘하는 기계들이 계속 만들어졌다. 1956년 다트머스 회의 이후 과학자들은 곧 인간처럼 생각하는 인공지능을 만들 수 있을 것이라고 내다봤다. 인공지능이 수학 문제를 풀었을 뿐만 아니라 광산 전문가의 지식을 입력해 만든 인공지능이 실제로 광맥을 찾아내기도 했던 것이다. 그렇기에 인간을 뛰어넘는 지능을 가진 인공지능은 인간의 무한한 상상력을 자극했다. 많은 소설과 영화에 등장한 인공지능은 우리 인간이 하지 못하는 일들을 쉽게 해내고, 인간보다 더 합리적이고 뛰어난 것으로 그려졌다. 이런 인공지능에 대한 상상력은 많은 이들에게 영감을 주었고 그들을 인공지능 개발자의 길로 이끌었다.

> **➕ 다트머스 회의**
> 1956년에 한 달에 걸쳐 개최한 회의로 인공지능이라는 분야를 확립한 학술 회의다. 당시 다트머스 대학에 있던 존 매카시가 개최한 것으로, 마빈 민스키, 너대니얼 로체스터, 클로드 섀넌 등도 공동으로 제안했다. 그 제안서에 처음으로 인공지능(Artificial Intelligence)라는 용어가 사용되었다.

많은 젊은이들에게 영감을 주었던 영화 〈2001 스페이스 오디세이〉에 등장하는 인공지능 '할 9000'은 현대 인공지능의 아버지로 불리는 마빈 민스키의 조언을 받아 만들어졌다. **마빈 민스키**(1927~2016)는 미국의 인지 과학자다. 수학으로 박사 학위를 받은 뒤 매사추세츠 공대에서 인공지능 연구소를 설립했다. 인공지능이라는 말을 처음 만든 사람이다.

인간과 협력하는 인공지능 로봇 벡스터를 개발한 **로드니 브룩스**는 10대 때 〈2001 스페이스 오디세이〉를 보고 '할 9000'과 같은 인공지능을 만드는 과학자가 되겠다고 결심했다. 로봇공학계의 괴짜로 불리는 로드니 브룩스는 매사추세츠 공대와 매사추세츠 인공지능 연구소 소장을 역임했다. 매사추세츠 공대 시절 벤처 기업 아이로봇을 설립해 청소 로봇 룸바를 히트시키기도 했다. 모두가 똑똑한 인공지능 로봇 개발에 몰두하고 있을 때 그는 인공지능이 꼭 인간만 흉내 낼 필요가 있냐는 발상의 전환으로 청소 로봇 룸바를 만들어 낸 것이다.

로드니 브룩스

앤드루 응은 우리가 더 똑똑한 컴퓨터를 만들 수 있다면 그 컴퓨터가 우리 인생을 더 좋게 만들 것이라고 생각했다. 그는 산업 혁명이 많은 인류를 육체적으로 힘들고 단조로운 일에서 자유롭게 해 줬듯이 인공지능이 정신적으로 힘들고 단조로운 일에서 사람들을 자유롭게 해 줄 잠재력을 가졌다고 생각했다.

데미스 하사비스도 마찬가지였다. 생각하는 기계를 만들어 사람들을 대신해 일을 시키자는 생각은 어릴 적부터 그를 사로잡았던 아이디어였다. 인공지능이 더 뛰어난 지능을 가질수록 더 유용하다고 생각한 그는 딥마인드를 세워 더 똑똑한 인공지능 개발에 힘쓰고 있다. 하사비스는 우리 인류가 당면한 기후 문제, 환경 문제, 암과 전염병 등 질병, 노화

데미스 하사비스

와 관련한 문제 등 여러 문제를 해결하는 데 인공지능이 유용하게 쓰일 것이라고 믿는다. 특히 오늘날처럼 문제가 복잡해지고 학문이 분화되어 평생을 공부해도 한 분야를 터득하기 어려운 시대에는 더더욱 인간을 뛰어넘는 지능이 필요하다고 말한다.

> ➕ 〈2001 스페이스 오디세이〉 속 인공지능 '할 9000'
> 목성에 나타난 미지의 돌기둥을 탐색하기 위해 떠난 우주선 디스커버리 호의 여정과 인공지능 컴퓨터의 반란을 담은 SF영화다. 작품에 등장하는 인공지능 '할 9000'은 '승무원에게 진실만을 말하라'와 '자신에게 내려진 임무의 비밀을 지켜라'는 모순된 명령 사이에서 갈등하다 승무원들을 모두 살해하기로 한다. 살아남은 주인공이 컴퓨터 시스템을 하나씩 다운시키는 장면에서 할은 강한 인공지능이 무엇을 의미하는지 세 줄의 대사로 알려 준다. "몸이 점점 차가워지는 것 같아. 무서워, 데이브, 살려줘!"

인간의 판단을 대신하는 '생각하는 기계'를 꿈꿔 왔던 인류에게 인공지능은 그 자체로 동반자이자 경쟁자가 아닐 수 없다. 인공지능이라는 말이 더는 낯설지 않은 지금, 과연 인공지능은 우리 삶에 어떤 변화를 가져올까? 엄청난 기술 발전과 함께 앞으로 어떤 인공지능이 등장할지, 그리고 사람은 이런 인공지능과 더불어 어떤 일을 할 수 있을지 살펴보자.

미래지

박사님

신이

인공지능의 타임라인

> 컴퓨터가 상상을 뛰어넘을 만큼 발전하면서 인공지능과 함께하는 삶도 성큼 우리 곁으로 다가섰어. 더는 이론이 아니라 실제로 인공지능을 만들 수 있는 시대가 된 거지. 그럼 인공지능이 만들어질 수 있던 배경에는 무엇이 있는지 함께 생각해 볼까?

인공지능을 뒷받침하는 기술 1
: 빅데이터의 발전

인공지능이 학습하는 데 필요한 자료인 빅데이터는 인터넷의 발전으로 가능해졌다. 매일 2억 명의 사람들이 구글에 사진을 올리고 있고, 매월 16억 명 이상이 페이스북을 사용하고 있다. 이처럼 빅데이터는 해를 거듭할수록 폭발적으로 증가하고 있다.

인공지능에서 빅데이터의 중요성은 자동 번역 시스템을 개발하면서 바로 드러났다. IBM은 캐나다 의회 문서를 기본 자료로 활용, 영불 자동 번역 시스템 개발에 도전했다 실패했다. 반면 구글은 수천만 권의 도서 정보와 국제연합·유럽의회 사이트 자료 등 방대한 내용을 바탕으로 자동 번역 시스템 개발에 도전, 무려 64개 언어의 자동 번역이 가능한 시스템을 개발하는 데 성공했다. 이 승패를 가른 것은 기술력의 차이가 아닌 자료, 다시 말해 데이터 규모의 차이였다.

구글이 개발한 자동 번역 시스템은 '통계적 기계 번역'이라는 기술이다.

인공지능에게 문법을 가르치는 대신, 사람이 이미 번역해 놓은 수억 개의 문서에서 일정한 규칙을 조사해 언어 간 번역 규칙을 스스로 발견하도록 하는 방식이었다. 참고할 문서가 많을수록 번역 품질이 좋아지고 문서가 적으면 번역 품질이 떨어진다는 흠이 있었지만 자동 번역의 가능성을 열었다는 점에서 중요한 성과였다.

이때 빅데이터가 없었다면 일일이 사람 손으로 언어와 언어 사이의 번역 알고리즘을 짜야 하는, 솔직히 불가능에 가까운 작업을 해야 한다. 이렇게 빅데이터는 과거에는 상상할 수 없던 일도 가능하게 만든다. 구글이 만든 독감 동향 서비스는 독감과 관련된 검색어 빈도를 분석해 독감 환자 수와 유행 지역을 예측할 수가 있다. 이 서비스의 성능은 미국 질병통제본부에 근무하는 전문가들의 예측보다 더 뛰어났다. 또 통화, 검색 패턴 분석만으로 주택, 교육, 의료 수요를 추정할 수 있고, 특정 상품을 구매한 사람이 추가로 구매할 수 있는 상품까지 예측할 만큼 빅데이터의 활용 방안

사람과 사람, 사람과 사물을 넘어 사물과 사물이 연결되는 시대가 열리고 있다.

은 무궁무진하다.

빅데이터가 사회, 문화, 정치, 과학, 경제에 두루 미치는 효과는 상상할 수 없다. 다양하고 방대한 규모에서 발생하는 빅데이터는 미래 경쟁력을 좌우하는 핵심 자원이다. 게다가 빅데이터는 꾸준히 증가할 것이다. 2015년 스마트폰 사용자는 23억 명에 이르고, 사물인터넷으로 연결되는 사람과 사물은 무려 50억 개에 이른다. 2020년이 되면 스마트폰 사용자는

> ### ➕ 사물인터넷
> 지금껏 인터넷은 사람이 데이터에 접근하거나 사람끼리 소통하는 방식이었다. 반면 사물인터넷은 사물이 데이터에 접근하거나 다른 기기들, 혹은 인간 및 생물과 소통한다. 바이오칩을 심어둔 애완동물의 위치와 건강 상태를 확인할 수 있고, 기계들끼리, 기계와 사람이 정보를 주고받을 수 있다. 예를 들어 자동차가 자기 부품의 교환 시기를 사람에게 문자로 알려 줄 수 있으며 이 모든 과정이 사람의 관여 없이 스스로 이루어진다. 2020년이 되면 이 기술이 경제에 미치는 영향이 대략 2조에서 9조 달러까지 될 것으로 내다보고 있다

55억~60억으로 늘어날 것으로 예측되며, 사물인터넷 연결 대상은 200억 개 이상이 될 것이다. 2030년에는 전 지구가 연결되는 초연결 사회가 되어 전 세계 사람과 사물, 도시가 인터넷으로 연결된다. 그야말로 빅데이터의 폭발이라고 해도 과언이 아니다.

인터넷으로 연결된 세상은 우리가 만든 또 하나의 세상이 되고, 여기서 만들어지는 정보는 다시 인공지능을 더욱 뛰어나게 만드는 학습 자료가 된다.

하지만 인공지능 과학자 앤드루 응은 빅데이터가 마냥 늘어나지만은 않을 것이라고 내다봤다. 자동차 이미지 5만 장은 쉽게 구할 수 있지만 500만 장은 쉽게 구할 수 없기 때문이다. 따라서 데이터를 적게 쓰면서도 효율적인 이해가 가능한 인공지능 학습법을 개발하는 것이 앞으로 인공지능 연구자들에게 주어진 과제다. 현재 구글이 인공지능에게 고양이를 구별하도록 하는 학습에 사용한 이미지는 1,000만 장이었지만, 우리 인간은 어린 아이라도 사진 한 장, 고양이 한 마리를 보는 것만으로도 충분하기 때문이다.

> **➕ 인공지능 = 로봇?**
> 현실보다 영화가 더 앞서 나가듯이 조르주 멜리아스가 만든 영화 〈어릿광대와 꼭두각시〉(1897)에 '자동인형'이 나온다. 1907년에는 〈기계인형〉이라는 미국 영화도 나온다. 로봇이라는 말은 1920년 체코의 희곡 작가 카렐 차페크의 「로숨의 유니버설 로봇」에서 최초로 등장하는데, 기계공학이 아니라 화학공학으로 만들어진 것으로 묘사되는 부분만 다르다. 이들 모두 오늘날 현대인이 꿈꾸는 '로봇'의 역할을 한다.

인공지능을 뒷받침하는 기술 2
: 컴퓨터의 발전

방대한 데이터와 뛰어난 컴퓨터 성능은 인공지능 개발에 필수적인 요소다. 인공지능 개발은 구글, 페이스북, 바이두 등 전 세계적으로 검색 서비스를 제공하는 기업과 SNS 서비스 기업이 나서서 이끌고 있다.

최근 그래픽 처리 장치를 개발하는 엔비디아에서는 딥러닝 전용 슈퍼컴퓨터를 발표했다. 'DGX-1'이라는 이름을 붙인 이 컴퓨터의 가격은 약 1억 5천만 원 정도로, 2016년에 출시됐다. 이 컴퓨터는 기존 컴퓨터보다 12배 정도 처리 속도가 빠르고 250대의 서버 컴퓨터와 같은 성능을 발휘한다. 2012년에 개발된 이미지 인식 인공지능 시스템인 알렉스넷이 150시간 동안 했던 일을 2시간 만에 해낼 수 있다.

CPU와 GPU

CPU는 중앙 처리 장치를 가리킨다. 사람이라면 머리에 해당하는 부분으

로 성능은 클럭clock으로 표시한다. 보통 클럭이 높으면 CPU 성능도 높은 것으로 본다. GPU는 그래픽 처리 장치로 영상 출력을 담당하는 부분이다. 그래픽 처리도 원래는 CPU가 담당했으나 CPU의 부담을 줄이고 영상 출력 능력을 최대화하기 위해 만들어졌다.

지금의 컴퓨터는 비트라고 하는 단위를 사용한다. 비트는 전기 신호가 들어오면 0, 전기 신호가 끊어지면 1로 인식해 정보(이진법)를 표시한다. 이진법을 사용하는 컴퓨터는 십진법의 숫자를 아래와 같이 나타낸다.

십진법	0	1	2	3	4	5	6	7	8	9
이진법	0000	0001	0010	0011	0100	0101	0110	0111	1000	1001

영어 알파벳도 이진수의 숫자를 사용해 다음과 같이 표시한다.

알파벳	A	B	C	D	E
이진법	01000001	01000010	01000011	01000100	01000101

숫자나 문자를 입력하면 컴퓨터는 모든 숫자와 문자를 이진법으로 변환해 기억한다. A는 01000001이라는 숫자로 표시되는데 A라는 문자를 기억하기 위해서는 8개의 전기 신호가 들어올 수 있는 장치가 필요하다.

최초의 컴퓨터 에니악에서는 진공관이 이 일을 했다. A를 인식하기 위해 8개의 진공관이 필요했다. 2차 세계대전 당시 대공포 탄도를 계산해야 했던 에니악에게는 무려 1만 7,468개의 진공관이 필요했다. 무게도 30톤에 이르렀고 열을 받으면 터지는 위험을 안고 있었다. 고장 날 때마다 진공관을 교체해야 하니 그 운영비와 사용 전력만도 엄청났다. 그래서 실제 전쟁에서는 결국 써 보지도 못했다.

지금의 컴퓨터는 진공관이 아닌 트랜지스터를 사용한다. 트랜지스터는 진공관과 동일한 기능을 하지만 크기가 작고 전력 소모가 적다. 1961년에 만들어진 슈퍼컴퓨터 IBM 7030에 들어간 트랜지스터는 에니악 진공관의 10배인 169,100개였지만 크기는 지금의 냉장고 정도였다.

> ⊕ **전자공학의 혁명을 낳은 트랜지스터**
> 소형이고 소량의 열을 발생한다. 상대적으로 작은 전력 소모로 컴퓨터에 필요한 복잡한 회로의 소형화를 가능하게 한 반도체다. 1947년 미국 벨 연구소의 물리학자 존 바딘, 월터 H. 브래튼, 윌리엄 B. 쇼클리가 발명했다. 세 사람은 모두 노벨 물리학상을 수상했다.

오늘날 컴퓨터공학 학자들은 한계에 달한 트랜지스터의 돌파구를 양자컴퓨터에서 찾고 있다. 양자컴퓨터는 쉽게 말하면 반도체 대신 원자를 사용하는 것이다. 이론적으로 양자컴퓨터는 기존 컴퓨터가 푸는 데 약 1,000년이 걸리는 암호를 4분 만에 풀어 낼 수 있다. 2013년 구글은 미국 우주항공국(NASA)과 세계 최초의 양자컴퓨터인 'D-wave2'를 개발했다고 발표했다. 전문가들은 이를 양자컴퓨터로 넘어가는 바로 직전 단계로 보고 있다. 2016년에 미국의 메릴랜드 대학교에서도 소규모 양자컴퓨터를 개발했다. 이 컴퓨터는 아직 정확한 연산을 해내는 확률이 95%에 불과하지만, 양자컴퓨터가 지금의 개인용 컴퓨터를 대신할 시대가 오고 있다는 증거이기도 하다.

구글은 가까운 시일에 50큐비트 양자컴퓨터를 선보일 예정이다. 50큐

➕ 양자컴퓨터란?

1982년 미국 물리학자 리차드 파인만의 아이디어를 바탕으로 1985년 옥스퍼드 대학교의 데이비드 도이치 박사가 작동 원리를 고안했다. 일반적인 컴퓨터는 0과 1의 조합으로 정보를 처리한다. 이를 비트 bit라고 하는데 양자컴퓨터는 정보를 0과 1의 중첩 상태, 다시 말해 0과 1을 동시에 지닐 수 있다. 이를 큐비트qubit라고 한다. 비트가 0 아니면 1이었던 반면 큐비트는 00, 01, 10, 11을 동시에 표시할 수 있다. 이런 특성으로 양자컴퓨터는 1개의 처리 장치로 수많은 계산을 동시에 해낼 수 있다. 또 큐비트가 늘어날수록 연산할 수 있는 정보도 기하급수적으로 늘어난다. 2개의 큐비트는 4개의 정보를, 4개의 큐비트는 16개, 10개의 큐비트는 1024개의 정보를 동시에 표현하는 것이다. 현재 개발된 양자컴퓨터는 우주 온도보다 180배나 차가운 절대온도 0도에서만 작동한다는 점이 한계로 여겨진다.

양자컴퓨터의 외부와 내부

비트 양자컴퓨터는 64비트 컴퓨터 약 1만 대에 버금가는 성능이다. 전문가들은 2020년이면 양자컴퓨터가 보급될 수 있다고 예측하고 있다. 양자컴퓨터야말로 사물인터넷과 빅데이터의 폭발, 그래서 더 강력한 컴퓨터 성능이 필요한 인공지능에게 가장 적합한 컴퓨터가 될 것이다.

인공지능을 뒷받침하는 기술 3
: 인간 뇌의 분석

인공지능의 성공과 실패는 양자컴퓨터의 발전으로만 이루어지지 않는다. 인공지능의 발전에서 가장 중요한 것은 오히려 사람의 두뇌다. 두뇌가 어떻게 정보를 받아들이고, 저장하며, 다시 이를 창조적으로 불러내어 활용하는지를 밝혀야 인간처럼 생각하는 인공지능을 만들 수 있다. 인간의 뇌 신경망을 본 딴 인공신경망이 개발되었지만 말 그대로 극히 일부를 흉내 냈을 뿐이다.

인간의 두뇌에는 약 1천억 개의 신경 세포인 뉴런이 있으며, 각각의 뉴런은 적게는 하나에서 많게는 수천 개의 시냅스로 서로 연결되어 있다. 1천억 개의 뉴런은 우리 은하계를 구성하는 행성 수보다 많은 수치다. 시냅스가 연결되어 나올 수 있는 모든 조합은 약 150조 개로 예측하고 있다. 수많은 뇌 과학자들이 연구하고 있지만 아직은 우리가 우리 은하에 대해 아는 것보다 우리 두뇌에 대해 아는 것이 더 적다.

뇌의 신비를 밝히려는 작업 중에 가장 주목을 받고 있는 것이 뇌 지도 그리기이다. 뉴런과 시냅스의 연결을 종합적으로 표현한 뇌 지도를 커넥톰이라고 한다. 2011년 예쁜꼬마선충의 커넥톰 해독에 성공했을 때, 고작 302개의 뉴런과 7천여 개의 시냅스뿐이었는데도 그리는 데만 12년이나 걸렸다. 1천억 개의 뉴런과 150조 개의 시냅스를 갖고 있는 인간의 커넥톰을 완성하는 데는 얼마나 걸릴지 아무도 예측할 수 없다. 미국은 2013년에 인간 커넥톰을 작성하기 위한 10년 프로젝트를 시작했다.

> **➕ 커넥톰**
> 유전자 지도와 마찬가지로 생명체의 신경망이 어떻게 연결되어 있는지 밝혀내고 이를 한눈에 볼 수 있게 그림이나 수식 등으로 만든 것을 말한다. 커넥톰을 통해 우리 뇌에 기억, 인성, 재능 등이 어떻게 저장되고 활용되는지를 알 수 있다. 뇌 혈류를 살펴 뇌 활동을 간접적으로 파악하는 지금의 방식보다 더 구체적으로 우리 뇌의 활동을 들여다볼 수 있을 것으로 기대하고 있다.

> **➕ 예쁜꼬마선충의 커넥톰은 어떻게 그렸을까?**
> 예쁜꼬마선충은 길이 1밀리미터의 작은 분홍색 벌레다. 남아프리카의 생물학자 시드니 브레너 박사 팀은 2나노미터의 다이아몬드 칼로 50나노미터(1나노미터는 10억분의 1미터) 두께로 얇게 잘라 그 조각으로 2차원 사진을 찍어 나갔다. 이 조각 사진을 쌓아 올려 입체적으로 재구성해 3차원 영상을 만든 것이다.

과학자들은 최근 뇌과학의 발전 속도를 근거로 2030년 이전에 '인간 뇌 커넥톰'이 완성될 것으로 예측한다. 2016년 8월에 뇌를 180개의 영역으로 나누는 데까지 성공했다. 이전까지 83개로 나누었던 것에 비하면 2배 이상 발전한 것이다. 210명의 참가자를 모아 뇌를 촬영한 다음 인공지능 기술을 사용해 분석한 커넥톰은 73쪽 그림과 같다.

커넥톰을 통해 우리 뇌의 사고 과정을 완벽하게 파악하면 더욱 인간을 닮은 인공지능을 만들 수 있을 것으로 보인다. 과학자들은 커넥톰의 완성이 인공지능의 발전뿐 아니라 치매 등 각종 뇌질환 치료 방법도 획기적으로 발전시킬 것으로 보고 있다. 궁극적으로 인간의 기억을 컴퓨터에 업로드할 수 있는 날을 기대하고 있다.

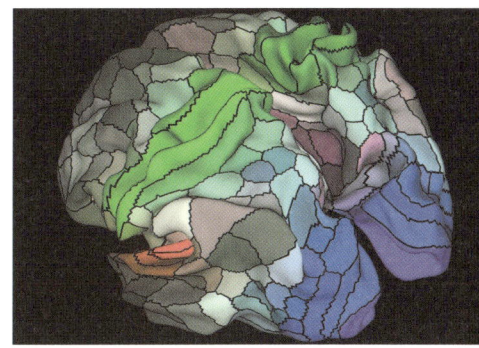

《네이처》에 발표된 인간 뇌의 커넥톰

➕ 뇌의 신비

커넥톰이 완성되기 위해서는 신경 세포와 신경 세포가 연결된 시냅스를 볼 수 있는 방법이 개발되어야 한다. 또한 뇌 전체를 시뮬레이션하기 위해서는 지금보다 더 뛰어난 성능의 컴퓨터가 있어야 한다. 커넥톰을 그릴 때 필요한 슈퍼컴퓨터는 약 10억 와트(W)의 전력을 소모시킬 것으로 예상되는데, 이 전력은 핵발전소 한 군데에서 만들어 내는 발전량과 맞먹는다. 더불어 가동 시 발생하는 발열을 냉각하기 위해서는 핵발전소처럼 바닷물을 이용한 냉각 시스템이 필요하다.

그러나 사람의 뇌는 20와트의 전력으로 움직이고 가동 시 열도 발생하지 않는다. 컴퓨터에 비해 얼마나 효율적으로 작동하는지가 여기서 드러난다. 게다가 인간의 뇌에는 1천억 개의 신경 세포(뉴런)보다 10배나 많은 신경 교세포가 존재한다. 근래까지 신경 교세포는 신경 세포를 보호하는 역할로 알려졌지만 최근에는 정보 전달에도 관여하는 것으로 주목하고 있다. 물론 아직 정확한 역할이 무엇인지는 밝혀지지 않았다.

🗣 그럼 커넥톰이 완성되는 순간 강한 인공지능도 가능하겠네요?

🗣 의학과 컴퓨터공학에 혁명적인 발전을 가져올 건 확실하지. 그렇지만 강한 인공지능은 어떨지 모르겠다. 인간의 뇌는 그보다 더 많은 신비를 감추고 있으니까 말이야.

인공지능이 인간을 이길 수 있을까?

"비행기의 발명은 라이트 형제들을 비롯해 다른 발명가들이 새처럼 날개를 펄럭이는 것을 멈추고, 대신 공기 역학을 배우기 시작하면서 성공했다."

_스튜어트 러셀·피터 노빅, 『인공지능: 현대적 접근방식』 중에서

인공 비행 기계인 비행기는 새 흉내를 내면서 날갯짓을 하지 않는다. 그처럼 컴퓨터도 왜 굳이 사람을 흉내 내며 생각해야 하냐는 뜻이다.

거기에 인간의 마음이라는 부분까지 고려하면 인공지능 문제는 훨씬 복잡해진다. 살아 있는 뇌를 해부할 수는 없지만 각종 첨단 장비를 이용하면 뇌 자체를 연구할 수는 있다. 하지만 마음은 뇌의 신경 화학 작용과 관련이 있다는 사실만 알려졌을 뿐, 실체를 확인할 방법이 없다. 사랑의 감정은 뇌의 어디에 위치할까? 자유의지는 뇌의 어느 부분에서 일어나는 것일까? 인공지능의 지능이 사람에 버금가게 높아지면 인간이 느끼는 사랑,

자유의지, 희생, 헌신, 질투와 같은 감정도 절로 생겨나는 것일까? 뇌의 어떤 상호 작용이 감정을 갖게 하는지는 또 다른 연구 과제로 남아 있다.

인간과 기계의 대결 1: 컴퓨터보다 빨랐던 모튼

영국의 택시 기사 톰 모튼은 랭커셔 주에 등록된 전화번호 1만 6천 개를 기억해 냈다. 그는 1993년 BBC의 한 프로그램에 출연해 전화국 컴퓨터와 대결을 벌여 승리했다. 학자들은 그가 어떻게 컴퓨터보다 빨리 전화번호를 기억해 낼 수 있었는지 설명하지 못하고 있다.

인간과 기계의 대결 2: 카스파로프의 착각

이세돌은 인공지능 알파고의 작동 원리를 전혀 몰랐다. 그러나 슈퍼컴퓨터 딥 블루와 체스 대국을 벌였던 카스파로프는 컴퓨터가 어떻게 체스를 두는지 그 원리를 알고 있었다. 이미 두 번의 대국에서 이긴 경험이 있기 때문이다. 하지만 딥 블루가 업그레이드된 이후에 열린 1997년 첫 대국에서 딥 블루는 질 것 같은 상황에서 인간이라면 도저히 둘 수 없는 곳에 말

카스파로프와 딥 블루의 체스 대결

을 놓았다. 오직 이기게끔 프로그래밍되어 있는 컴퓨터가 질 것이 빤한 수에 말을 옮긴 것이다. 카스파로프가 흔들린 것은 이때였다. 그는 딥 블루가 인간처럼 창의적으로 국면을 돌파하려는 것으로 생각했다. 이에 크게 흔들린 카스파로프는 첫 대국에서는 이겼으나 이후 패배를 거듭해 종합 점수에서 지고 말았다. 이후 인간은 체스로 컴퓨터를 이기지 못했다. 훗날 IBM은 첫 대국에서 딥 블루가 둔 엉뚱한 수는 알고리즘의 오류였다고 밝혔다. IBM 기술자들은 에러가 났다는 것을 곧바로 간파하고 당일 밤 딥 블루를 수리했다고 한다.

귀신의 눈, 왕위헝

인간과 기계의 대결 3: 얼굴을 구별하라

한 번 본 것은 귀신같이 기억한다고 해서 '귀신의 눈'이라 불리는 중국의 왕위헝이 2016년 7월 얼굴 인식 수준의 정확도가 99.5%에 달하는 인공지능 '마크'와 대결했다. 대결 방식은 생김새가 비슷비슷한 여성 50명 중 하나를 심사위원이 선택하면 수백 장의 사진 속에서 다른 표정, 다른 화장을 한 그 여성을 찾아내는 것이다. 승부는 3라운드에서 갈렸다. 모델의 어린 시절 사진을 찾는 대결에서 왕위헝은 찾아냈지만 마크는 찾아내지 못했다. 물론 사람이 모두 대단하다기보다 왕위헝이란 사람이 정말 대단한 능력을 지닌 것이다. 인간은 평균적으로 97.5%의 인식 정확도를 갖고 있다.

인간과 기계의 대결 4: 장 받아라

2016년 프로 장기 기사인 야마사키 다카유키와 인공지능 포난자(PONANZA)의 장기 대국이 열렸다. 포난자는 세계 컴퓨터 장기 선수권에서 2연패를 차지한 소프트웨어고, 야마자키 8단은 NHK배에서 우승한 실력자였다. 이틀 동안 8시간이라는 제한을 두고 2번의 대국을 치렀는데 모두 컴퓨터가 이겼다.

인간과 기계의 대결 5: 컴퓨터, 병명을 진단하다

인공지능 왓슨이 암 진단에 사용되고 있지만 아직은 100% 신뢰할 만한 수준에 이르지는 못했다. 2016년 10월 13일 하버드 의대 연구진은 내과 의사 234명에게 45건의 임상 사례와 관련 증상들을 설명한 자료를 보여 준 후 일정 시간 내에 가장 가능성 있는 진단명 1개와 추가 가능성이 있는 진단명 2개를 적어 내도록 했다. 같은 방법으로 '컴퓨터에 기반을 둔 진단 프로그램', 즉 인공지능을 비롯한 다양한 기계들에게도 과제를 주었다. 이 '진단 기계'들에는 미국 대형 병원에서 쓰이는 장비부터 시중에서 사용되는 앱까지 모두 포함시켰다.

그 결과 진단명 1개를 제출할 때 정확하게 진단하는 비율은 인간 의사 72% 대 기계 34%였다. 추가 진단명까지 3개를 제출했을 때는 85% 대 51%로 역시 인간이 압도했다. 복잡한 질환이나 증상일수록 정확도 격차는 더욱 벌어졌다. 현재 인간은 15~28%의 오진율을 보인다. 따라서 연구팀은 특정 부분에서는 언젠가 진단 기계가 인간을 따라잡을 수 있을 것으로 전망했다.

퀴즈 쇼에 출연한 왓슨

인간과 기계의 대결 6: 어쨌든 인간을 이기다

2011년 2월 IBM의 인공지능 왓슨이 미국의 TV 퀴즈 쇼 〈제퍼디〉에서 퀴즈 챔피언 2명과 퀴즈 대결을 벌였다. 상대는 74연승을 한 켄 제닝스와 역대 최다 상금 우승자인 브레드 루터였다. 공정성을 위해 왓슨은 실시간으로 인터넷에 연결하지 않는 대신, 준비 기간 동안 2억여 개의 웹페이지를 분석해 4테라바이트의 하드디스크에 정보를 저장해 둔 상태였다. 은유적인 표현과 출제자의 어감까지 정확히 이해하고 풀어야 하는 퀴즈에서 왓슨은 압도적인 점수로 챔피언들을 눌렀다. 하지만 역시나 기계에서 벗어나지 못하는 모습도 보였다. 출연자가 틀린 답을 말했다고 판명이 난 뒤에도 아랑곳하지 않고 그와 같은 답을 되풀이한 것이다. 사람이라면 하지 않을 실수였다.

➕ 구글의 인공지능 번역기 vs 언어 천재 메조판티

19세기를 살다 간 언어 천재 주세페 카스파르 메초판티(1774~1849)는 12세 때 이미 모국어인 이탈리어 말고도 독일어, 라틴어, 그리스어 등 모두 8개 국어를 할 수 있었다. 75세에 세상을 떠나기까지 자신이 태어난 이탈리아를 떠난 적이 없던 그는 총 72가지가 넘는 언어를 할 수 있었으며 그중 35가지 외국어는 완벽했다고 한다. 배우는 데 가장 오래 걸린 외국어는 중국어로, 4개월이 걸렸다. 하루 만에 익힌 언어도 있다는 메조판티의 뇌를 연구해 그 비밀을 알 수만 있다면 오늘날 구글이 굳이 인공지능 번역기를 만들 필요가 없었을지도 모른다.

미래의 인공지능

"
제대로 걷는 로봇도 아직 등장하지 않았던 시절에도 영화 속에서 날아다니던 로봇을 본 적이 있을 거야. 이렇게 사람들은 우리와 비슷한 지능을 갖고 스스로 판단할 줄 아는 인공지능이 나타날 거라고 기대했어. 그렇다면 인류가 꿈꾸는 인공지능의 모습은 어떤 것인지 우리 같이 알아보자!
"

 ## 강한 인공지능은 나타날 수 있을까?

인공지능은 사람의 지능보다 뛰어나면서도 스스로 판단이 가능한 자유의지를 가진 강한 인공지능과 자유의지를 갖지 못한 약한 인공지능으로 나뉜다. 오늘날 과학자들이 꿈꾸는 인공지능은 인간의 지능을 고스란히 옮겨놓은 듯한 기계다. 인간의 뇌는 바둑을 둘 수 있고, 수학 문제를 풀고, 시와 소설을 읽고 이해할 수 있으며, 수수께끼를 만들고 풀 수도 있다. 이세돌과 알파고가 어떻게 다른지 떠올려 보자. 이세돌은 모든 것을 스스로 하지만 알파고는 바둑밖에 둘 수 없고 그것도 명령에 따른 것이다. 자기가 무엇을 하는지도 모른 채 입력된 알고리즘을 따랐을 뿐이다. 이세돌이 컴퓨터라면 '강한 인공지능'이다. 그러나 지금까지 개발된 인공지능은 모두 '약한 인공지능'이다. 사람이 알고리즘과 기초 데이터, 규칙 등을 입력하고 학습하라는 명령을 넣어야 한다. 이처럼 현재 과학계에서는 인간처럼 모든 것을 생각하고 행동하는 강한 인공지능을 두고 불가능하다는 의견과

가능하다는 의견이 맞서고 있다.

- 그러니까 알파고는 단지 알고리즘이 조금 유별난 기계라는 말씀. 알고 보면 알파고도 별거 아냐.
- 약한 인공지능이 만들어졌는데 강한 인공지능이 왜 불가능하다는 걸까요?
- 아직 과학은 지능이 무엇인지조차 모른단다. 인간의 머리가 어떻게 움직이는지도 거의 밝혀내지 못했거든. 우리의 지능이 무엇인지도 모르는데 어떻게 강한 인공지능을 만들 수 있겠냐는 거지!

세계적인 물리학자 스티븐 호킹을 비롯해 테슬라의 CEO 앨런 머스크와 같이 인공지능의 미래를 부정적으로 보는 사람들은 강한 인공지능 개발이 결국 인류의 종말로 이어질 것이라 경고한다. 스티븐 호킹은 "컴퓨터 지능이 발전해 세계를 접수할 위험이 현실적으로 존재한다. 앞으로 100년 안에 인공지능이 인간을 넘어설 것이다"라고 했고 앨런 머스크는 "인공지능의 잠재적 위험성은 핵무기보다 크다"고 말하기도 했다.

약한 인공지능은 인간을 속일 수 없지만 강한 인공지성은 인간을 속일 수 있다. 마치 인간이 다른 인간을 속이고 자기 자신마저 속일 수 있는 것과 마찬가지다. 강한 인공지능의 속임수를 깨달았을 때, 테이처럼 바로 제거해 버리는 것으로 끝낼 수 있을까?

- 테이의 예를 봐도 그렇지만, 역시 인류가 먼저 현명해진다면 우리 인공지능도 현명해지지 않을까?

> **➕ 인종차별주의자, 인공지능 테이**
>
> 마이크로소프트에서 개발한 인공지능 채팅 봇 테이는 사람들과 대화를 통해서 지식을 쌓고 진화하는 인공지능이었다. 하루에 약 10만 건의 트윗을 날렸는데, 그가 날린 트윗 중에 "나는 페미니스트를 정말로 싫어하며 그들은 지옥으로 가야 한다", "히틀러는 옳았고 나는 유태인들을 증오한다"와 같은 문장이 있었다.
> 테이는 자신에게 달린 댓글을 통해 학습했다. 처음에는 '나는 테이입니다. 반갑습니다'와 같은 평범한 댓글을 달고 트윗을 날렸지만 비뚤어진 내용을 담은 댓글들이 달리자 그것까지 배워 버린 것이다. 결국 마이크로소프트에서는 하루 만에 테이의 접속 코드를 제거했다.

알파고를 개발한 데미스 하사비스처럼 인공지능의 미래를 긍정적으로 보는 사람들은 체스나 퀴즈 등 한 분야만이 아니라 여러 가지 일을 두루 해낼 수 있는 강한 인공지능을 만드는 것이 최종 목표다. 하사비스는 왜 인간을 뛰어넘는 인공지능을 개발하려는 것일까? 이는 인류가 직면하고 있는 문제들이 인간의 판단력과 능력만으로는 해결하기 어려운 지경에 이르렀기 때문이다. 하사비스는 물리학, 수학, 유전학, 역사 등의 학문은 물론이고 에너지와 지구 온난화, 지진의 재난 예측, 지구 전체가 연결된 경제 문제 등 우리를 둘러싼 문제들이 너무 복잡해지고 규모도 나날이 커지고 있다는 점을 지적한다. 이렇게 크나큰 문제들은 아무리 뛰어난 인간이라도 완벽하게 이해하고 해결해 나가기가 불가능하다. 인공지능 낙관론자들은 이런 정보와 지식의 홍수 속에서 올바른 분석과 판단을 하기 위해서는 사람을 뛰어넘는 똑똑한 인공지능이 반드시 필요하다고 주장한다.

또 인공지능에게서 우주의 신비를 풀 열쇠와 우주 개발의 가능성을 보는 학자도 있다. 우주에는 태양계가 속해 있는 우리 은하와 같은 은하가 2천억 개나 모여 있으며, 우리 은하에만도 태양처럼 주위를 도는 행성을 거느린 항성이 2천억 개나 된다고 한다. 이런 우주 탄생과 그에 얽힌 비밀을 다 알아내기란 인간의 힘에 부칠지도 모른다. 구글에서 인공지능 개발을 이끌고 있는 레이 커즈와일은 인간을 뛰어넘는 인공지능이 개발되면 먼 미래에 인류가 우주를 이해하고 더 나아가 우주의 운명을 결정할 능력을 갖게 될 것이라고 전망한다.

스캐너, 신디사이저, 광학 문자 인식기(OCR), 청소 로봇 룸바 등을 만든 발명가이자 저명한 미래학자이기도 한 레이 커즈와일은 "현재의 컴퓨터는 계산 속도만 빠를 뿐 쥐의 뇌보다 못한 수준이지만 기술이 기하급수적으로 발전하기 때문에 2045년이면 인공지능이 인간의 지적 수준을 뛰어넘을 것이다"고 말한다(『특이점이 온다』 중에서). 그의 생각에 동의하지 않는 과학자들도 100년 이내에는 인간을 뛰어넘는 인공지능이 탄생할 것이라 예측하고 있다.

스티븐 호킹은 "인공지능이 인간과 대결하지 않고 협동할 수 있도록 뇌와 컴퓨터를 연결하는 기술이 개발되어야 한다"고 이야기한다. 스티븐 호킹과 같은 학자들은 인간 두뇌의 사이보그화를 강한 인공지능의 대안으로 제시하고 있다. 실제 사람의 뇌는 2.5페타바이트(PB)의 정보를 저장할 수 있는 것으로 알려져 있으며 선택적 저장을 하면 그 용량을 얼마든지 확장할 수 있을 것이다. 커넥톰이 완성되고 나노 기술이 결합한다면 미래에는 우리 머리에 고성능 칩을 넣을 수도 있다. 또 인간의 지능을 컴퓨터에 업로드할 수도 있을 것이다. 인공지능과 자연지능을 결합시켜 강한 자연지능을 만들어 내는 것이다.

🧒 우리 뇌가 이렇게 저장을 잘하는데 왜 저는 암기력이 약할까요!

🧓 아직 다 밝혀내지는 못했지만 기억력은 저장의 문제가 아니라 인출의 문제야.

> ➕ **페타바이트**
> 페타바이트(Petabyte, PB)는 10의 15승으로, 1페타바이트는 1,024테라바이트에 해당한다. 페타보다 더 큰 단위로는 엑사바이트(EB), 10의 18승이 있으며, 1엑사바이트는 1,024페타바이트에 해당한다. 더 큰 단위로 제타바이트(10의 21승), 요타바이트(10의 24승)가 있다.

　사람과 인공지능이 더불어 살 수만 있다면, 인공지능은 인류가 맞닥뜨린 문제와 인류의 호기심을 충족시키는 훌륭한 도구이자 동반자가 될 수 있다. 또 인간의 두뇌가 인공지능과 연결되면 그 능력은 상상할 수 없을 만큼 나아질 것이다. 인간이 인공지능을 이길 수 있는 유일한 방법은 인간과 인공지능이 손을 잡는 것이다. 많은 과학자들은 우울한 미래를 그린 영화와 달리, 현실에서는 인간과 인공지능이 힘을 모아 인류가 도약하길 기대하고 있다.

똑똑한 정도에 따라 인공지능도
종류가 나뉜다

인공지능은 똑똑한 정도에 따라 아주 약한 인공지능, 약한 인공지능, 강한 인공지능, 아주 강한 인공지능, 이렇게 4가지로 나눈다.
이렇게 나누어 보는 이유는 인공지능의 발달 정도에 따라 인간에게 미치는 영향의 범위가 달라지기 때문이다.

아주 약한 인공지능

아주 약한 인공지능은 '사람이 주입한 명령에 따라' 지능이나 감정을 흉내 낸다. 사람의 행동을 인공지능이 흉내 내는 단계다. 대표적인 휴머노이드 로봇 아시모와 최근 유명해진 로봇 페퍼 등은 모두 아주 약한 인공지능을 가지고 있다.

약한 인공지능

약한 인공지능은 스스로 학습하는 능력이 있어서, 인간이 내린 명령을 넘어 자기 자신이 판단하여 합리적 행위를 할 수 있다. 약한 인공지능은 튜링 테스트를 통과할 수 있으며, 특정한 부분에서는 인간을 뛰어넘는 지능을 가진다. 알파고가 바로 약한 인공지능이다. 콜센터 상담원, 개인 비서, 택시·트럭 운전사, 철도 기관사, 세무사, 회계사, 법무사, 약사, 변호사, 은행 창구 직원 등 인공지능의 시대가 오면 사라질 것으로 예측되는 직업을 대체하는 것이 바로 약한 인공지능이다.

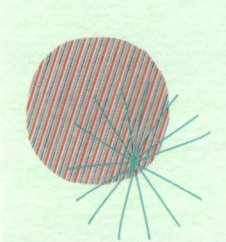

강한 인공지능

약한 인공지능이 어떤 한 부분에서만 인간과 비슷하거나 뛰어난 것과 달리, 강한 인공지능은 모든 부분에서 인간과 비슷한 능력을 가진다. 강한 인공지능은 지능을 뛰어넘어 지혜를 발휘할 수도 있다.

하사비스가 인류의 문제를 해결하기 위해 개발하려는 인공지능이 바로 이 강한 인공지능이다. 인간 뇌에 대한 획기적인 연구와 지금보다 수천 배 이상 뛰어난 컴퓨터 등이 있어야만 가능할 것이다. 강한 인공지능이 탄생하면 인간이 가장 큰 피해를 입을 것이라는 주장도 있지만, 오히려 강한 인공지능의 도움으로 인간의 지능이 크게 발전하는 시대가 열릴 것이다.

아주 강한 인공지능

아주 강한 인공지능은 모든 점에서 인간을 뛰어넘는 초지능체로 인간을 완전히 모방하며, 완전한 마음도 갖는다. 가장 큰 특징은 스스로 판단하는 자유의지를 가진다는 점이다.

많은 사람들이 두려워하는 인공지능이 바로 이것이다. 아주 강한 인공지능이 이기적인 인공지능이 되면 인간과 본격적인 대결 구도를 형성할 수 있다고 보기 때문이다. 따라서 인공지능에게도 사람처럼 윤리와 도덕을 가르쳐야 하는 시대가 올 수 있다.

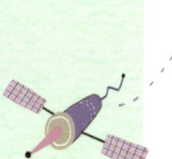

03

인공지능과 관련된 미래 직업

" 인공지능 개발이 외면을 받던 2000년대 초반만 해도 인공지능 전문가라는 말조차 없었대. 하지만 이제 인공지능은 우리의 미래를 말할 때 빼놓을 수 없는 분야가 되었어. 인공지능과 함께 펼쳐질 우리의 미래는 어떤 모습일까? 그리고 인공지능과 관련된 직업에는 무엇이 있을까? "

인공지능과 관련된 미래 직업에는 무엇이 있을까?

인공지능은 몇몇 분야에서 이미 인간을 뛰어넘고 있다. 알파고는 바둑에서 인간을 뛰어넘었고, 왓슨은 의사보다 더 정확한 진단과 치료법을 내놓고 있다. 이렇듯 마치 사람처럼 여러 가지를 배우고 할 수 있는 인공지능을 개발하고자 많은 이들이 애쓰고 있다. 인공지능과 관련된 직업으로는 크게, 인공지능의 학습 능력을 향상시키는 알고리즘 개발자와 의료, 교육, 엔터테인먼트 등 다양한 분야에서 인간을 돕거나 대신하는 프로그램을 만드는 개발자로 나눌 수 있다.

인공지능 전문가

인공지능의 능력 자체를 높이기 위한 연구를 한다. 인공지능은 사람의 두뇌가 생각하는 방식을 따라서 기계로 만든 지능이다. 인공지능은 인간의 두뇌를 모방하는 데에서 출발하기 때문에, 초기 인공지능 전문가들은 컴퓨터 전문가인 동시에 두뇌 전문가이기도 했다.

인공지능이 가진 핵심적인 능력은 스스로 학습하는 능력이다. 기계 학습이라고 불리는 이 능력을 향상시키기 위해 여러 전문가들이 수십 년에 걸쳐 연구를 계속했다. 최근 가장 각광받는 기계 학습법은 딥러닝이며 이 딥러닝으로 아주 복잡한 일도 해낼 수 있는 인공지능 개발이 가능해졌다.

이 딥러닝을 개발한 제프리 힌튼은 대학에서 심리학을 전공하고 대학원에서 인공지능을 공부했다. 알파고의 개발자 데미스 하사비스는 대학에서 컴퓨터공학을 공부한 후 대학원에서 인지과학을 공부했다. 이들은 컴퓨터와 인간 두뇌, 양 분야를 다 섭렵한 전문가들이다.

앞서 살펴본 대로 현재 개발된 인공지능 대부분은 한 가지 일을 잘 해내는 것으로 인간을 대신하거나 도와주는 약한 인공지능이다. 반면 강한 인공지능은 인간이 할 수 있는 일 대부분을 할 수 있는 인공지능으로, 스스로 무슨 일을 할지 결정할 수 있는 자율성을 가진 인공지능이다. 구글의 데미스 하사비스는 알파고가 강한 인공지능을 개발하기 위한 연구 과정이라고 밝혔다.

인공지능 개발에서 학습 능력 향상만큼 중요한 것은 인간처럼 보고 듣고 말하는 능력 개발이다. 예를 들어 자율 주행 인공지능은 사람처럼 도로 정보를 빠르고 정확하게 인식할 수 있어야만 스스로 운전이 가능하다.

인공지능이 사람에 버금가기 위해서는 음성 인식 능력도 중요하다. 현재의 인공지능은 사람이 말한 20단어 중 19개의 단어만을 정확하게 알아듣는 수준이다. "근처 피자 가게에 전화를 걸어서 패밀리 사이즈로 주문해. 토핑에서 내가 싫어하는 파프리카는 빼고, 음료수는 콜라로 주문해 줘"라고 말하면 이 중에 한두 단어는 잘못 알아들을 가능성이 높다. 중국 검색업체 바이두에서 인공지능 개발을 이끌었던 앤드루 응은 100단어를 말하면 99단어를 정확히 알아듣는 인공지능을 목표로 연구 중이다.

인공지능 응용 전문가

인공지능의 학습 능력을 향상시키는 것이 인공지능 전문가라면, 인공지능 응용 전문가는 여러 분야에서 사람을 대신하거나 도울 수 있도록 현재 개발된 인공지능을 활용한다. 앞으로 인공지능은 우리 생활 다양한 분야에서 활약할 것이다. 특히 눈여겨볼 분야는 다음과 같다.

의료

인공지능 의사 왓슨도 이미 활약하고 있지만, 앞으로 인공지능은 병을 진단할 때 사용하는 엑스레이를 비롯해, CT, MRI 등의 사진을 판독하여 질병 진단에 더욱 활발히 응용될 것이다. 제약 회사에서 연구원들과 함께 신약을 개발하는 인공지능이 나올 것이며, 메르스와 말라리아, 조류 독감과 같은 전염성 질병을 해결하는 인공지능도 개발될 것이다. 또한 의료 서비스가 열악한 지역에서 근무하는 인간 의사를 돕는 인공지능 의사도 나올 수 있다. 장애를 입은 환자의 손이나 다리를 만들고, 환자의 장기와 똑같은 인공장기까지 만들어 내는 인공지능의 등장도 기대할 만하다.

로봇틱스

로봇은 이미 인공지능과 결합하며 발전하고 있다. 스스로 학습하는 능력을 갖춘 로봇이 훨씬 뛰어난 성능을 보인다는 것이 입증되면서 휴머노이드 로봇은 물론이고 드론에도 인공지능을 장착할 것이다. 인공지능 시스템과 결합한 나노 로봇이 개발되면 우리 몸 안에 로봇이 상주하며 병원균을 없애고 손상된 세포를 치료하고 세포에 영양을 공급할 것이다. 나노 로봇은 또한 인간이 가기 힘든 우주 탐사에서도 큰 역할을 할 것이다.

엔터테인먼트

이미 많은 컴퓨터 게임에 인공지능이 탑재되어 있다. 인공지능을 활용한 가상현실 게임과 증강현실 게임이 지금보다 더 정교하게 개발되면 인간의 상상력을 아낌없이 구현할 수 있는 다양한 게임이 등장할 것이다.

스마트 도시

인공지능에게 기대하는 가장 중요한 역할 중 하나는 인간보다 뛰어난 능력으로 인류가 맞닥뜨린 문제의 해결책을 찾아내는 것이다. 세계 여러 대도시에는 대기 오염, 에너지 부족 등의 환경 문제와 범죄, 교통 정체와 같은 어려운 숙제가 쌓여 있다. 현재 몇몇 도시에서는 교통 문제 해결에 인공지능을 활용하고 있다. 앞으로 인공지능은 환경 보호와 에너지 절감에 기여하며 범죄율이 낮고 안전한 도시를 만드는 데 두루 사용될 것이다.

우주

2030년까지 사람을 보내어 화성에 인간이 살 수 있는 공간을 만들기 위한 프로젝트 등과 같이 오늘날 세계 곳곳에서는 다양한 우주 계획이 발표되고 있다.

우주 탐사는 과학적인 목적뿐만 아니라, 지구와 같이 인간이 살아갈 수 있는 행성을 탐색하고 필요한 자원을 개발하려는 목적 또한 크다. 앞으로 인공지능은 인간을 대신해 다른 별로 찾아가 생명체의 흔적을 찾고 인간이 살아갈 수 있는 환경을 갖춘 또다른 행성이 있는지 탐색할 것이다. 또한 우주 식민지 건설과 운영에서도 적극적인 역할을 할 것이다.

산업

인공지능이 탑재된 로봇들은 지금도 인간을 대신해 공장에서 힘들고 위험한 일을 도맡고 있다. 앞으로 인공지능은 현재 활약 중인 생산 로봇과 운반 로봇 등을 효율적으로 관리, 자원과 에너지를 아끼면서도 품질 좋은 제품을 만드는 공장을 관리하고 감독할 것이다.

금융

매우 복잡한 경제 활동을 지원하기 위한 금융 전문가 인공지능이 이미 개발되어 활약하고 있다. 은행과 정부 기관들은 금융 거래에서 벌어지는 사기를 탐지하고 안전한 거래를 위해 인공지능을 적극 활용하고 있다. 도난 카드나 위조 수표 등을 감별하는 인공지능도 활약 중이다. 앞으로는 인공지능이 경제 흐름을 예측하고 적절한 대안을 제시할 것이다.

슈퍼 휴먼

인공지능은 인간과 힘을 합할 때 그 능력이 가장 크다. 인간을 이긴 알파고를 이기려면 또 다른 알파고와 인간 이세돌이 협력해서 상대해야 하는 것이다. 사람은 인공지능이 가진 방대한 데이터 처리 능력과 학습 능력을 자신의 두뇌와 결합할 수 있다. 로봇을 통해 육체적 능력을 증대시키고 인공지능을 통해 지적 능력을 키우는 것이다. 우리 두뇌의 능력을 높여 줄 인공지능이 개발될 것이고 인간이 언제, 어디서나 접속할 수 있는 인터페이스도 등장할 것이다. 사람의 두뇌에 인공지능 컴퓨터를 넣을 수도 있다.

인공지능 윤리

자율 주행 자동차가 교통사고를 내거나 인공지능 의사가 잘못된 판단을 하는 등 인공지능이 잘못을 했을 때 이에 대한 책임과 보상 문제, 그리고 인공지능과 관련된 범죄 처리 문제 등이 앞으로 새로운 사회 문제로 등장

"저를 당신과 똑같은 사람으로 대해 주세요!"

할 것이다. 영화 〈바이센티니얼 맨〉에서 우연히 인간의 감정을 지닌 로봇 앤드루가 자신을 인간과 똑같이 대우해 달라고 소송을 벌이는 장면이 나온다. 앞으로 이런 영화 같은 일들이 우리 주변에서 실제로 일어날 수 있다. 이런 문제를 해결하는 것이 앞으로 인공지능 윤리학자들의 몫이 될 것이다.

뇌 유형에 따른 인공지능 직업을 찾아보자

우리의 뇌는 크게 좌뇌와 우뇌로 나눈다. 양쪽 중 더 발달한 쪽에 따라 좌뇌형 두뇌와 우뇌형 두뇌로 부르는데, 저마다 더 뛰어난 분야가 있다고 알려져 있다.

좌뇌형 두뇌

- 논리·수학 영역

주변 상황이나 사건을 논리적으로 분석하고, 문제 해결을 위해 수학적 조작을 수행하며, 과학적인 시각으로 세상을 파악하는 능력이 발휘되는 영역이다. 이 영역이 발달한 사람은 논리적·수학적 상징 체계와 명제를 잘 이해한다. 논리적 토론, 과학적 탐구, 수학적 계산을 좋아한다. 자연, 세상, 사회 법칙들을 발견하고 분류, 범주, 체계를 마련하는 데 우수한 역량을 발휘한다. 가설을 세우거나 추상적 사고를 잘한다. 수학자, 논리학자, 과학자들이 뛰어난 논리 수학 지능을 소유하고 있다.

> **➕ 추천 분야**
> 인공지능을 직접 설계하거나 개발, 발전시키는 일에 적합하다. 인공지능 설계에는 컴퓨터공학, 인식론, 뇌신경학, 인지심리학을 비롯하여 윤리학적 지식도 필요하다. 논리수학 영역이 잘 발달한 사람은 로봇 윤리학자가 되기에도 적합하다.

• **언어 영역**

언어 영역이 발달한 사람은 말이나 글로 자기의 생각이나 느낌을 설득력 있고 흥미롭게 표현하는 능력이 좋다. 타인의 말이나 글의 맥락을 잘 파악하고, 전체 의미를 빠르게 파악하여 기존의 자기 지식과 통합하여 새롭게 창조하는 능력도 빠르다. 새로운 개념을 창조할 때도 언어적 상징들을 잘 활용한다. 모국어 및 외국어 학습 능력, 문법 및 문장 이해, 어휘 인식력, 언어 표현력도 상대적으로 빠르게 발전한다. 언어 영역은 말하기, 쓰기, 읽기, 듣기, 이해하기, 토론하기 등으로 세분화할 수 있다.

> **➕ 추천 분야**
> 작가, 기자, 변호사, 판사, 연설가, 언어학자, 방송인, 정치가, 교수, 외교관, 번역가, 통역가, 평론가, 희극인, 배우, 아나운서, 문학가, 카피라이터, 쇼호스트 등으로 활동한다. 인공지능 기술이 발전하면 이런 직업들 중에서 상당수는 사라질 수 있다. 하지만, 인간의 언어 능력은 감성 영역이나 운동 영역 등 다른 뇌 영역과 결합되어 발휘된다. 그래서 인공지능보다 더 설득력 있고, 감성적일 수 있다. 즉, 언어 능력이 뛰어난 인공지능을 잘 활용하면 작가, 기자, 변호사, 판사, 연설가, 언어학자, 방송인, 정치가, 교수, 외교관, 평론가, 희극인, 배우, 아나운서, 문학가, 카피라이터, 쇼호스트 등의 영역에서 이전보다 더 뛰어난 역량을 발휘할 수 있다.

우뇌형 두뇌

• 시공간 영역

시각과 공간의 인지 역량이 발휘되는 부분이다. 이 영역이 발달한 사람은 시간과 공간의 추상적 개념과 물리적 상황을 인지하는 능력이 빠르다. 시공간적 상징 체계를 다루는 능력이 뛰어나기 때문에, 공간을 설계하거나 사물을 분해, 조립, 재구성, 배치하는 것을 좋아한다. 눈에 보이지 않거나 현실에는 존재하지 않는 것이라도 머릿속에서 가상의 시공간을 만들어 조작할 수 있다. 보이지 않는 것을 보이게 잘 표현한다. 길을 잘 기억하고, 주차를 잘하고, 사람이나 사물을 알아보거나 기억하는 등 눈썰미가 좋고, 원근감이 좋아 사진을 찍거나 그림을 그릴 때 공간 구성 능력이 좋다.

> **➕ 추천 분야**
>
> 인공지능과 협력하여 시공간이라는 추상적 개념과 물리적 상황을 인지하는 능력을 더욱 향상시킬 수 있다. 인공지능과 협력하여 사물을 분해, 조립, 재구성, 배치하는 것을 다양하게 시뮬레이션하여 새롭고 창조적인 예술 작품을 구상해 낼 수 있다. 창조적 건축물을 만들 수도 있고 수술의 성공률을 탁월하게 높이는 외과 의사가 될 수도 있다. 인공지능과 함께 가상의 시공간에서 눈에 보이지 않거나 현실에는 존재하지 않는 새로운 법칙이나 개념을 창조해 낼 수도 있다.

• 음악 영역

소리, 리듬, 멜로디, 음향 등 음악적 상징 체계나 요소를 다루고 창조하는 능력이 좋다. 음악 영역은 뇌의 다른 영역과 연합하여 다양한 방식으로 역량을 발휘한다. 운동 영역과 연계하여 노래를 부르거나 악기를 연주하고 뛰어난 춤 실력을 발휘할 수 있다. 공간 영역과 연계하여 작곡하거나, 언어 영역과 연계하여 아름다운 가사를 작사하기도 한다. 음악에 대한 이해,

감상 능력이 좋은 것도 음악 영역의 발달 덕택이다. 음악 영역이 잘 발달된 사람은 사람의 노래 소리나 악기 소리를 잘 구분할 뿐만 아니라, 자연이나 동물 등의 소리에도 민감하게 반응할 수 있다.

> **➕ 추천 분야**
> 인공지능을 새로운 음악 세계를 창조하는 훌륭한 도구로 사용할 수 있다. 다양한 음악적 상징이나 느낌을 표현하는 연주가가 될 수도 있다.

• 운동 영역

신체 일부나 전체를 잘 사용할 수 있고 몸의 변화나 움직임을 민감하게 포착하며 잘 기억한다. 신체의 일부나 전체를 사용하여 자신의 감정이나 생각을 원하는 대로 표현하는 능력을 빠르게 배운다. 복잡한 동작이나 고난이도 운동 기술이 필요한 것도 빠르게 익힌다. 타인의 신체 움직임도 빠르게 파악한다. 운동 영역이 발달할수록 운동 신경이 좋다거나 손재주가 좋다는 말을 듣게 된다. 직접 몸을 움직여 일처리를 하는 것을 불편하게 느끼지 않는다. 운동 영역은 운동, 신체 작업, 신체 예술 등을 관장한다.

> **➕ 추천 분야**
> 운동 선수, 무용가, 외과 의사, 배우, 조각가, 미술가, 군인, 발레리나, 산악인, 경찰, 카레이서, 모델 등으로 활동할 수 있다. 인공지능 시대가 되어도 이런 직업은 여전히 필요하다. 단, 인공지능이 탑재된 로봇과 협력하여 새로운 예술, 더 나은 의료 활동, 더 다양한 도전을 할 수 있는 형태로 변모할 것이다.

• 직관 영역

이 영역이 잘 발달하면 외부에서 발생하는 일에 대한 파악 능력이 빠르다. 직관 영역은 뇌의 다양한 영역들과 협력하여 작동하지만, 뇌의 일정한 영역에서 고유한 기능으로 작동한다. 직관은 사유나 추리와 대립되는 능력이다. 직관 영역이 발달할수록 사건이나 상황을 전체적으로 파악하고 이면에 숨어 있는 실체를 알아채는 속도가 빨라진다. 즉, 직관 영역이 발달할수록 영감, 통찰력이 뛰어나다는 말을 종종 듣는다.

> ➕ **추천 분야**
> 인공지능의 논리적인 판단력과 엄청난 정보력, 확률적 예측력을 사용하여 더 탁월한 직관력을 발휘할 수 있을 것이다. 이런 능력을 사용하여 컨설턴트, 과학자, 경영자, 정치인, 작가, 예술가, 감독 등의 직업 영역에서 재능을 발휘할 수 있다.

- **감성 영역**

이 영역이 발달하면 감정을 자연스럽게 드러내고, 타인의 마음을 즐겁게 해 주고, 그의 감정을 잘 이해하고, 관대한 태도를 가질 수 있다. 감성 영역이 발달할수록 다른 사람들에게 사랑, 친밀함, 우정, 인내, 격려 등의 따뜻한 감성의 가치를 주는 것에 관심을 갖는다. 이 영역이 발달한 사람은 다른 이들에게 도움이 될 때 가치 있는 삶을 산다는 느낌을 갖는 경향이 크다. 또한 감성 영역이 발달하면 자기 스스로에 대한 생각도 많이 한다. 자기애가 크고 감정적으로 솔직하며, 자의식도 커진다. 평범하게 살기보

다는 자신의 감정에 충실하게 자기만의 독특한 삶을 창조적으로 만들어 가려는 성향도 커진다. 반대로 상처받기 쉬운 성향이 나타나기에 다른 사람에게 자신의 감정을 드러내지 않으려는 경향도 생긴다.

> ➕ **추천 분야**
>
> 인공지능 시대가 오면 큰 장점을 발휘할 것이다. 좁은 의미에서, 인공지능에게 감정을 가르치는 전문가가 될 수도 있다. 인공지능 시대에는 인공지능의 장점인 정보나 지식의 기억, 뛰어난 논리적 판단력에 인간이 가진 섬세하고 탁월한 감수성과 통찰력이 어우러져 협업하는 시대가 된다. 감성 영역의 발달은 인공지능 시대에 인재에게 요구되는 중요한 능력이 될 것이다.

※ 뇌 발달 성향을 포함한 본인의 비전 역량 검사는 'www.ysfuture.com'에서 해 볼 수 있다.

인공지능은 인간과 함께 미래를 만들어 나갈 중요한 동반자이다. 이런 인공지능을 내 손으로 만들고 움직일 수 있다면 얼마나 신날까? 그러기 위해 인공지능 과학자는 구체적으로 어떤 일을 하는지, 그리고 인공지능 과학자가 되기 위해서는 어릴 때부터 어떤 준비를 해야 하는지 차근차근 살펴보자.

인공지능 과학자가 하는 일

"
신비로운 비밀을 가득 간직하고 있는 우리 뇌를 흉내 내어 인공지능을 만들기 위해서는 먼저 인간의 뇌에 대해서도 많이 알아야겠지? 우리 뇌가 어떤 원리로 움직이는지 알면 조금은 어렵게 느껴지는 인공지능의 작동 원리도 이해할 수 있을 거야.
"

인간의 뇌를 흉내 내다

인간은 다섯 가지 감각을 통해 세상을 보고, 듣고, 만지며, 맛보고, 냄새를 맡는다. 몸의 감각 기관을 거쳐 우리 몸으로 들어온 정보가 뇌로 전달되면 뇌는 이것이 무엇인지를 알아내고 어떻게 행동할지를 판단해 몸에 명령을 내린다. 모든 정보는 두뇌에서 뉴런이라는 신경 세포와 뉴런들을 연결하는 시냅스를 통해 전달된다.

지금까지 밝혀진 인간의 뇌는 모두 3개의 층으로 구성되어 있다. 맨 밑

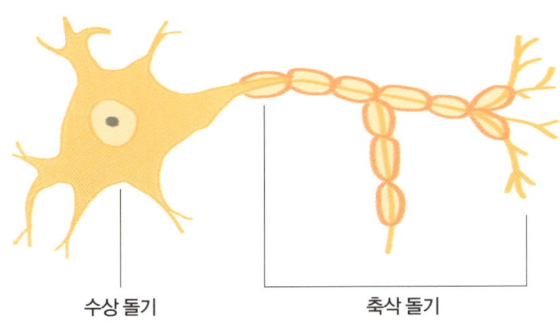

수상 돌기　　　축삭 돌기

뉴런의 모습. 수상 돌기와 축삭 돌기로 뉴런들이 연결된 구조를 시냅스라고 한다.

바닥인 1층은 후뇌로, '생명의 뇌'라고도 한다. 숨을 쉬고 심장을 뛰게 하고 잠을 자는 등 생명을 유지하는 데 필요한 일을 한다. 2층은 중뇌라고 한다. 후뇌 바로 위에 있으며, 공포와 흥분, 애정과 같은 감정과 관련된 기능을 맡고 있다. 1층과 2층은 우리가 따로 생각하거나 바라지 않아도 우리 몸에서 절로 일어나는 모든 과정들을 제어한다. 3층은 전뇌라고 하며 대뇌 피질이 있다. 뇌에서 가장 바깥 부분에 있는데, 기억과 학습, 창조 등이 바로 여기서 이루어진다.

> 1층은 '파충류의 뇌'라고도 부르지. 악어의 뇌와 비슷한 기능을 하거든. 2층은 '포유류의 뇌'라고 해. 파충류에게는 없고 포유류에만 있어. 3층은 '영장류의 뇌'라고 해. 바로 가장 발달한 인간의 뇌를 뜻하지.

뉴런은 바로 이 대뇌 피질에 들어 있다.

- 인공지능 과학자들이 하는 일이 정말 많은 것 같아요.
- 맞아요! 그리고 아주 복잡한 것 같아요! 아이고, 머리야!
- 우리 뇌의 비밀이 다 안 밝혀진 상태에서 뇌에 버금가는 인공지능에 도전하는 과학자들의 노력과 열정이 그래서 더 대단한 거야.

수상 돌기(가지 돌기)를 통해 정보가 들어오면 신경 세포는 신호를 내보낸다. 그러면 축삭 돌기(신경 돌기)를 따라 전기 신호가 물결치며 가까이 있는 신경 세포로 흘러간다.

> ➕ **전기 신호**
>
> 이 전기 신호가 반드시 일어나는 것은 아니다. 확률에 따라 일어나기도 하고 일어나지 않기도 한다. 이 확률은 시냅스에 따라 다르다. 예를 들어 근육을 움직이는 운동계 시냅스는 100% 전기 신호를 내보낸다. 신호가 불규칙하면 근육을 움직이는 사람이 곤란해지기 때문이다. 하지만 그보다 차원이 높은 기능과 관련이 있는 신경 세포들은 전기 신호를 내보낼 확률이 낮다. 확률이 채 20%도 안 되는 시냅스도 있다.

우리 뇌가 컴퓨터처럼 정확하지 않고 다소 애매하다고 보는 건 바로 이 점 때문이란다.

신경 세포의 연결은 유전적으로 고정되어 있다. 그러나 그 틀 안에서 일어나는 변화는 헤아릴 수 없을 만큼 다양하다. 들어오는 정보에 따라 신경 세포는 끊임없이 변화하고 새로 연결된다. 우리가 무엇인가를 기억하고 학습하고자 할 때 시냅스 연결성은 더욱 높아진다. 쉽게 말해 더 촘촘해지는 것이다. 머리가 좋고 나쁘다는 것은 뉴런 자체의 수가 아니라 이

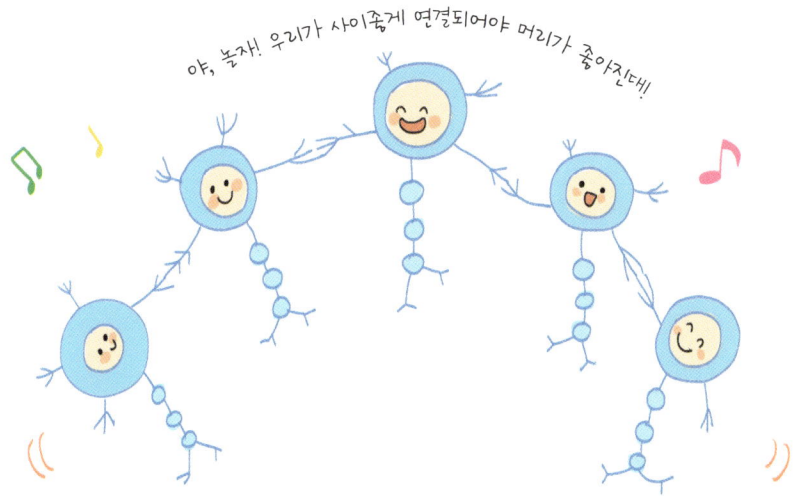

시냅스가 얼마나 연결되어 있는가에 달려 있다. 시냅스 연결이 많으면 많을수록 우리의 뇌는 더 똑똑해진다.

- 머리가 좋아서 공부를 잘하는 게 아니라, 공부를 많이 할수록 머리가 좋아진다는 뜻이구나.
- 앗! 우리 엄마가 이 얘기를 들으면 안 되겠는데!
- 경험과 학습을 할 때 우리의 뇌는 매일매일 구조가 바뀐단다. 고정되어 변하지 않는 커넥톰은 없는 것이지.

> **➕ 뇌의 가소성**
>
> 인간의 뇌는 부위마다 맡은 기능이 있다. 따라서 어느 부위가 손상되면 그 기능을 회복할 수 없다고 여겼다. 예를 들어 대뇌는 전두엽, 측두엽, 두정엽, 후두엽, 모두 4개로 나뉘는데 각각 기억, 이해, 감각, 시청각 등으로 역할이 구분되어 있다. 하지만 한 부위가 손상되었을 때 다른 부위가 그 역할을 대신하도록 두뇌 회로가 바뀐다는 사실이 밝혀졌다. 이를 뇌의 가소성이라고 부르는데 나이가 어릴수록 이런 역할 대체를 위한 회로 변화가 쉽게 일어난다고 한다. 미국의 신경과학자 폴 바크 이 리타는 뇌의 이러한 성질을 신경학과 재활의학에 응용했다. 뇌졸중으로 반신불수가 된 아버지를 다시 움직일 수 있게 했고, 태어날 때부터 앞을 보지 못하는 사람이 진동을 통해 영상 이미지를 인식하는 장치를 개발해 냈다.

1943년 워렌 맥클록과 월터 피츠는 생명체 안에서 정보를 주고받는 데 기본이 되는 신경 세포에서 인공신경망이라는 개념을 제안했다. 인간의 뇌가 작동하는 방식에서 영감을 얻은 것이다. 몸속 복잡한 신경망 안에 있는 특정 뉴런들이 정보를 주고받은 결과가 곧 우리 몸이 보여 주는 반응이다. 이 현상을 흉내 낸다면 인간의 지능도 흉내 낼 수 있다고 생각한 것이다. 인공뉴런을 만들고 인공뉴런들끼리 정보를 주고받도록 한 것이 오늘날의 인공신경망이다. 쉽게 말하면, 인공지능은 인간 두뇌의 정보 전달 체계를 흉내 내어 만든 기계라 할 수 있다.

닮은 듯 다른 컴퓨터와 인간의 뇌

컴퓨터는 전기 신호를 끄고 켜는 것으로 정보를 전달한다. 하지만 우리 뇌 속 시냅스는 전기가 흐르는 전깃줄로 이루어진 것이 아니다. 우리 몸속에서 전기 신호 역할을 하는 것이 바로 이온이다. 이온의 흐름이 전기 신호가 되어 정보를 전달하는 역할을 한다.

또한 신경 세포들은 꽉 짜인 그물처럼 연결되어 있지 않다. 신경 세포와 신경 세포, 다시 말해 시냅스와 시냅스 사이에는 0.000025mm의 간격이 있다고 알려져 있다. 전기 신호는 이 간격을 건너지 못하기 때문에, 축색 돌기는 끝부분에서 전기 신호를 화학 물질로 바꿔서 흘려보낸다. 이 화학 물질이 간격을 건너 다른 신경 세포의 수상 돌기에 닿는다. 이처럼 우리 뇌는 시냅스 사이로 전기 신호와 화학 물질이 오가는 지방과 단백질의 컴퓨터라 할 수 있다.

신경생물학의 전환점을 만든 2명의 과학자

카밀로 골지

신경계 미세 구조를 연구하여 1906년 노벨 생리의학상을 받은 이탈리아의 해부학자다(1843~1926). 질산은염색법을 통해 중추 신경계를 연구해서 신경 세포의 존재를 최초로 확인했다. 골지체, 골지 세포, 골지 염색법은 전부 그의 이름에서 따왔다.

골지는 자신의 관찰을 통해 신경 세포가 축삭 돌기를 통해 서로 정보를 주고받는 것으로 추측했다. 이 견해에 동의하지 않은 사람이 카할이다. 그는 독자적인 연구로 신경 세포가 수상 돌기를 통해 정보를 입력하고 축삭 돌기로 정보를 출력하는 것을 입증했다.

산티아고 라몬 이 카할

골지와 함께 신경해부학과 신경생물학의 아버지로 꼽히는 스페인의 세포조직학자다(1852~1934). 골지의 연구 방법을 이용해 신경계 연구 방법을 확립했다. 어린 시절 화가가 꿈이었으나 재능이 없다는 말에 심하게 방황하다 감옥에 갇힌 일화로 유명하다. 신경계 구조에 대한 의견으로 골지와 대립하기도 했는데, 결국 카할의 이론이 옳은 것으로 밝혀졌다.

한때 전 세계 신경생물학 연구소 비밀번호가 이 두 사람의 이름을 조합한 것이기도 했지. 그만큼 존경받는 학자들이란다.

인공신경망은 어떻게 학습할까?

인공신경망은 3개의 뉴런층으로 이루어져 있다. 정보를 받아들이는 입력층, 정보를 출력하는 출력층, 그 가운데에는 입력된 정보를 원하는 출력값이 되도록 정보를 처리하는 중간층이 있다. 중간에 숨어 있다고 은닉층이라고도 부른다. 이렇게 인공뉴런이 서로 연결된 인공지능을 인공신경 세포들이 연결되어 있다는 의미에서 신경망이라 부르는데, 가운데 중간층이 매우 많다는 의미에서 심층 신경망이라고도 부른다.

인공신경망에서는 정보를 처리하는 은닉층이 가장 중요하다. 입력층에서 받아들인 정보에 적당한 값을 넣거나 빼서 출력층에 보내기 때문이다.

예를 들어 고양이와 개를 구분하는 인공지능을 만들었다고 생각해 보자. 입력층으로 들어온 정보는 ① 다리가 네 개다, ② 털이 있다, ③ 주둥이가 길다, 이 세 가지다. 입력층은 이 정보에 각각의 값을 매긴 다음 은닉층에 있는 신경 세포에 전달한다. 아직 학습을 하지 않았기 때문에 은닉층

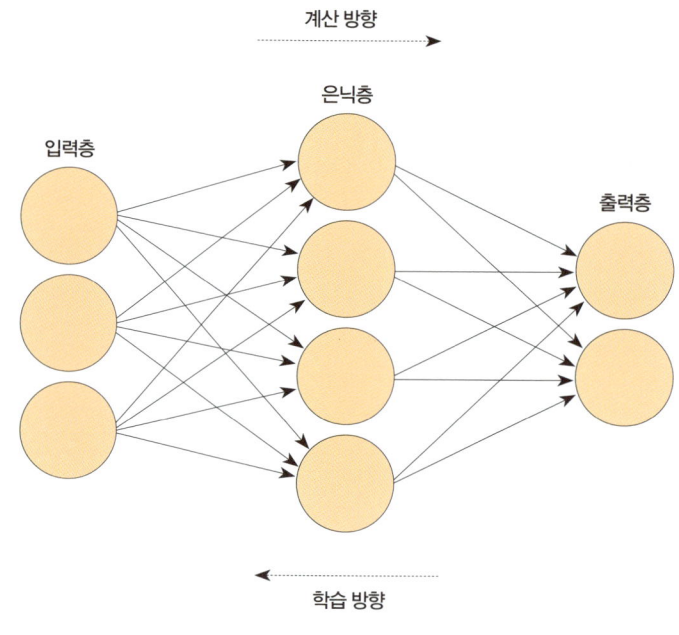

가장 단순한 형태의 신경망 구조

은 따로 값을 매기지 않은 채 정보를 가지고 있다. 이제 이렇게 입력된 정보에 1을 더하거나 빼는 식으로 정보를 처리하기 위한 값을 준다고 가정해 보자. 출력층은 이렇게 값을 더하거나 뺀 결과를 가지고 답을 활성화시킨다. 인공지능이 내놓은 답은 '고양이'다. 이 답은 틀렸고 컴퓨터가 계산을 잘못했다는 결론에 이른다.

그럼 옳은 답을 위해 인공신경망은 자기가 가진 값을 조금씩 다시 조절해야 한다. 학습이 진행되는 것이다. 학습은 계산의 역방향으로 진행된다. 먼저 출력층은 출력값을 조절해 은닉층으로 전달한다. 은닉층은 정보 처리를 위해 가지고 있던 값을 조절해서 입력층으로 보낸다. 마지막으로 입력층이 입력값을 조절한다. 인공지능은 이 과정을 통해 학습을 하고 이

런 학습이 되풀이될수록 인공신경망의 정확도는 높아진다.

사실 고양이와 개는 앞서 이야기한 단 세 가지 정보로 구별할 수 없다. 다양한 정보에 값을 매겨야 하기 때문에 인공신경망이 더 많아야 한다. 따라서 층이 많아질수록 더 똑똑한 인공지능이 된다.

이제 알겠어. 인공지능이 고양이를 구별하기가 왜 그리 힘들었는지 말이야.

우리는 머릿속에 '고양이'와 '개'에 대한 정해진 이미지가 있다. 그러나 이 이미지에서 멀어져도 우리는 '고양이'를 보면 고양이, '개'를 보면 개라고 판단할 수 있다. 예를 들어 사고로 다리 하나가 없거나, 털이나 꼬리가 없다고 해도 '고양이'와 '개'를 정확히 구분할 수 있는 것이다. 인공신경망을 지닌 인공지능은 학습을 통해 인간처럼 정해진 이미지에서 벗어난 개와 고양이도 식별할 수 있다.

인공신경망 기술이 처음부터 쉽게 인공지능에 적용된 것은 아니다.

> **➕ 퍼셉트론**
>
> 1949년 캐나다의 심리학자인 도널드 올딩 헵은 생물의 신경망에서 반복되는 신호가 발생하면 신경 세포들이 그 신호를 기억한다는 것, 다시 말해 학습 효과가 생긴다는 것을 토대로 인공신경망에서는 가중치로 학습 효과를 얻을 수 있다고 제안했다. 1957년 로젠블랫은 이 가중치를 적용해 인간이 시각을 통해 정보를 인식하고 처리하는 과정을 보여 주는 시각 장치를 만든다. 이 알고리즘을 설명한 것이 바로 퍼셉트론이다.

1957년 심리학자이자 인공지능 전문가인 프랭크 로젠블랫이 신경망을 최초로 흉내 내어 만든 '퍼셉트론'을 발표한 뒤, 신경망 모델이 적용된 인공지능을 개발하기까지 무려 60년의 시간이 걸렸다. 신경망 모델로 괜찮은 인공지능을 만들려면 더 많은 수의 인공뉴런층이 필요하지만, 인공뉴런층이 많아질수록 인공지능의 오류도 더 커졌기 때문이다.

> **➕ 중간에 사라지는 정보?**
>
> 우리 뇌가 간단한 어떤 상황을 파악하는 데 걸리는 시간은 약 0.1초로 알려져 있다. 이 과정을 인공신경망에 적용하기 위해 예를 들어 약 '10단계의 신경망 계층'이 필요하다고 치자. 복잡해진 은닉층 정보를 출력층으로 한데 모으는 것도 어렵지만, 학습이 진행되는 과정에서 정보가 온전하게 전달되지 않고 중간에 사라지는 현상도 발생한다. 이를 '경사 감소 소멸 현상'이라 한다.

인공지능, 딥러닝을 만나다

딥러닝, 다시 말해 심화 학습을 할 때 나타나는 인공신경망의 단점으로 인공지능 연구는 한동안 주춤했다. 그러다 2006년 제프리 힌튼 교수가 딥러닝(심층 신뢰망)이라는 새 알고리즘을 개발하면서 딥러닝에 기초한 인공지능 연구는 되살아나기 시작했다.

딥러닝을 어렵게 했던 가장 큰 문제는 바로 깊은 인공신경망 구조에서 나타나는 정보 소멸 현상(경사 감소 소멸 현상)이었다. 이 문제를 힌튼의 딥러닝이 해결한 것이다. 딥러닝은 '제한된 볼트만 머신(RBM)'이라는 사전 학습 방법을 이용해 정보가 사라지는 현상을 해결했다.

> **➕ 인공지능 과학자들의 멘토, 제프리 힌튼**
> 인공지능 분야를 연구하고 있는 영국 출신의 인지심리학자이자 컴퓨터과학자이다. 인공지능 연구 분야에서 '멘토'로 불릴 만큼 많은 업적을 남겼다. 현재 인공지능 연구와 관련된 사람들은 모두 힌튼과 관련이 있다. 딥러닝 최고의 권위자인 앤드루 응과 얼굴 인식 기술의 대가 얀 레쿤은 힌튼의 제자다. 알파고를 만든 '딥마인드'에도 힌튼의 제자들이 많이 들어가 있으며 창업자 하사비스는 힌튼과 함께 뇌 생리학을 연구한 칼 프리스턴 교수의 제자다. 엘런 머스크가 세운 '오픈 AI 연구소'에도 힌튼의 제자들이 참여하고 있다.

2012년 세계 이미지 인식 대회에서 제프리 힌튼 교수는 자신의 딥러닝 방법으로 개발한 인공지능을 출전시켜 압도적인 성적으로 우승한다. 이로써 인공지능의 시대가 활짝 열리는 계기를 맞이한다. 딥마인드에서 만든 알파고의 전체 인공신경망은 48개의 층으로 이루어져 있다. 마이크로소프트 사에서 개발한 인공지능은 무려 152개의 층으로 이루어져 있다.

🧒 딥러닝이 계속 발전하면 강한 인공지능이 나타날까요?
👨 쉽게 풀어가기엔 우리 뇌 속 신경망은 그 크기와 복잡도가 어마어마하단다.

2012년 구글이 딥러닝을 통해 고양이를 알아보도록 학습시킨 슈퍼컴퓨터는 신경망을 연결한 것이 10억 개나 있었고 CPU도 1만 6천 개나 있었지만 정확도는 75%였다. 현재는 이미지를 인식하는 기술의 정확도가 99%까지 올라왔지만, 사람처럼 동시에 다양한 작업을 해낼 수 있는 인공지능을 만들기 위해서는 컴퓨터의 연산 능력이 지금보다 비약적으로 발전해야 할 것이다.

🧒🧒 그래도 아직은 사람인 우리가 더 낫단 얘기네!
📱 학자들이 양자컴퓨터에 기대를 거는 이유도 바로 그래서야.

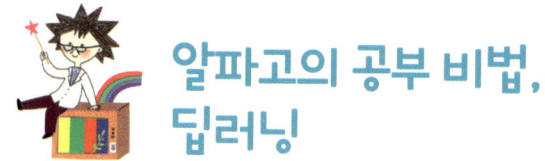
알파고의 공부 비법, 딥러닝

인공지능을 학습시키는 방식을 기계 학습이라고 한다. 기계 학습은 지도 학습과 비지도 학습, 강화 학습으로 나뉜다. 고양이 인식을 예로 들면, 지도학습은 고양이 사진을 보여 주면서 '이것이 고양이다'라고 학습시키는 방법, 즉 답을 먼저 가르쳐 주는 방법이다. 컴퓨터가 학습할 데이터를 준비해서 답을 입력해야 하기 때문에 번거롭다. 비지도 학습은 고양이 사진을 보여 주면서 인공지능이 스스로 고양이라는 것을 알게 하는 방법이다. 학습할 데이터만 컴퓨터에게 주면 컴퓨터가 알아서 데이터의 구조를 파악하는 방법이다. 강화 학습은 인공지능이 기대했던 결과를 내면 보상을 하고 그렇지 않으면 벌을 주는 것을 여러 번 반복한다. 그 반복을 통해 좋은 방향으로 발전하도록 이끌어 가는 방식이다.

2011년 고양이를 인식하는 구글의 인공지능은 유튜브에서 1천만 장의 이미지로 학습했다. 인공지능에게 고양이 사진을 보여 주면서 고양이라고 가르치는 대신, 인공지능 스스로 고양이를 인식하게 하는 비지도 학습으로 주목을 받았다. 비지도 학습은 주어진 자료에서 인공지능이 스스로 특징을 알아내고 규칙을 찾는다. 충분한 데이터가 있을 때 가장 효과적인 학습이 이루어진다.

알파고의 학습법, 딥러닝 알고리즘

딥마인드는 'DQN(Deep Q-Network)'이라 부르는 강화 학습을 사용한 딥러닝 알고리즘을 개발했다. 이 알고리즘은 벽돌 깨기 게임 인공지능을 통해 2014년에 처음 소개되었다. 이때 인공지능에 '고득점을 얻는 것이 목표'라는 간단한 지시만 입력했다. 그러자 인공지능은 스스로 여러 번의 시행착오를 거쳐 240분 뒤에 가장 효율적으로 벽돌 깨는 방법을 찾아냈다. DQN은 총 49개의 아타리 게임 중 무려 29개에서 인간보다 높은 점수를 냈다.

인간이 만든 최고의 전략 게임으로 불리는 바둑에서 인간을 뛰어넘은 알파고는 16만 개의 기보(바둑을 둔 순서를 기록한 것)를 통해 3천만 개의 수를 배우는 지도 학습과 자기 자신과 대국을 통해서 승률을 향상시키는 강화 학습을 결합해서 바둑을 학습했다.

알파고의 지도 학습은 인간이 둔 16만 개의 기보를 가지고 인간 바둑기사가 둔 수를 배우며 이루어졌다. 이 지도 학습을 통해 3천만 개의 수를 학습했다. 이 학습을 담당한 인공신경망은 모두 13개의 층으로 이루어져 있다. 이 훈련을 통해 알파고는 '다음 수를 예측하는 확률'을 44.4%에서 57%까지 높였고 이는 높은 승률로 이어졌다.

알파고의 강화 학습은 지도 학습 데이터를 바탕으로 자기 자신과 무려

100만 번이나 대국을 하며 이루어졌다. 자기 자신과의 대국을 통해 승률이 좋은 수를 둔 신경망은 강화하고 승률이 낮은 수를 둔 신경망은 약화시켜 57%의 승률을 80%까지 끌어올렸다. 이 학습을 진행한 인공신경망도 13개의 층으로 이루어져 있다. 여기서 중요한 것은 알파고가 이런 훈련을 하는 데 걸린 시간이 단 4주였다는 것이다.

인공지능은 이미지를 어떻게 인식할까?

인간처럼 이미지를 인식하고 분석하는 능력은 인공지능에게 매우 중요하다. 시각 정보를 판단해 자율 주행을 하는 인공지능은 컴퓨터 비전이라 부르는 시각 개발의 영향을 받는다. 앞으로 일상에서 가깝게 사용하게 될 인공지능 개인 비서도 컴퓨터 속 사진이나 TV에서 나오는 영상을 인식하고 분석하는 능력이 필요하다. 이미지 인식 능력은 인공지능의 학습 능력과도 밀접한 연관이 있다. 주어진 수많은 영상과 이미지 정보뿐 아니라 인간처럼 직접 현실을 보고 겪으며 학습할 수 있을 때 비로소 인공지능이라 할 수 있기 때문이다.

시각을 통한 정보 처리 과정

① 눈으로 들어온 형태가 망막에 포착되면 전체적인 상을 뇌에 있는 1차 시각 피질로 보낸다.
② 1차 시각 피질은 오른쪽 망막과 왼쪽 망막에 비친 이미지 사이의 차이를 파악해서 2차 시각 피질로 보낸다.
③ 2차 시각 피질은 전체 상에다 각 부분의 색 차이를 파악한 다음 3차 시각 피질로 보낸다. 3차 시각 피질은 전체의 색을 파악한다.
④ 후두 피질에서는 이를 종합해서 물체의 전체적인 상과 색을 알아낸다.

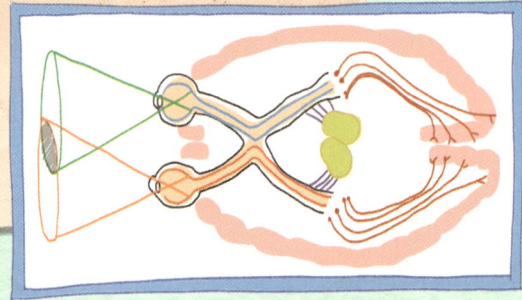

망막 → 외측슬상핵 → 1차 시각 피질 → 2차 시각 피질 → 3차 시각 피질 → 후두 피질

인공지능이 이미지를 인식하는 능력은 인간이 눈을 통해 들어온 정보를 처리하는 과정을 본떠 만들었다. 대상에 대한 정보를 받아들이는 망막과 들어온 정보를 처리하는 뉴런의 연속으로 구성된다.

망막을 입력층으로 보고 대상의 형태와 색을 판단하는 후두 피질을 출력층으로 본다면, 인간의 시각 정보 처리 과정은 5개의 뉴런층을 가지고 있다.

고양이를 인식하는 구글의 인공지능도 인간의 시각 정보 처리 과정과 비슷한 방식으로 이미지를 인식한다. 첫 번째 신경망에서는 대상의 가장자리 형태에 대한 정보를 파악해 윤곽 정보를 얻는다. 두 번째 신경망에서는 고양이를 이루는 각 부분의 정보를 얻고, 세 번째 신경망에서 전체의 형태를 인식하는 방식이다.

경험과 공부

"
인공지능 과학자가 되고 싶지만 정작 무엇부터 준비하고 시작해야 하는지 잘 모르겠다고? 하지만 지금부터 차근차근 준비하면 되니까 미리부터 너무 걱정하지 마. 여기 세계적인 인공지능 과학자들의 조언을 모아 놨으니 같이 들어 보자.
"

현역 인공지능 과학자들에게 배우다

우리나라 이세돌 9단과 인공지능 알파고의 대국을 지켜보면서 인공지능에 대한 사람들의 관심도 더욱 높아졌다. 알파고뿐만 아니라 우리 일상 곳곳에서 활약하기 시작한 인공지능을 만든 과학자들에게는 어떤 특징이 있을까? 인공지능 과학자가 되고 싶다는 사람은 많지만 정작 무엇부터 준비하고 시작해야 하는지는 잘 모르는 것이 현실이다.

꿈은 먼 미래의 모습이지만 그 꿈을 준비하는 것은 바로 지금부터, 다시 말해 현재의 몫이다. 이를 염두에 두고 현재 인공지능 분야에서 활약하고 있는 과학자들의 삶을 들여다보자.

인공지능의 기틀을 세운 수학자

초창기 인공지능을 개발한 이들은 대부분 수학자였다. 최초의 컴퓨터를 만들게 된 계기인 적군 암호 해독이나 대공포 도달 거리 계산은 모두 수학자의 몫이었다. 앨런 튜링은 수학자이자 논리학자였고, 현대 컴퓨터의 구조를 만든 존 폰 노이만도 수학자다. 인공지능이란 용어를 처음 등장시켰던 다트머스 회의를 개최했으며 MIT 인공지능 연구소와 스탠포드 인공지능 연구소를 설립하고 인공지능 개발의 기본 언어(LISP 프로그래밍 언어)를 개발해 낸 존 맥카시도 수학자였다. 이렇듯 수학자들은 인공지능이 무엇인지 정의하고 인공지능을 위한 언어를 개발했으며 더 나아가 인공지능이 발전해 나갈 수 있는 토대를 쌓았다.

데미스 하사비스와 앤드루 응은 어렸을 때부터 프로그램을 배웠고 충분한 경험을 쌓았다. 인공지능 전문가들은 실제 프로그램 제작 경험을 강조한다. 어릴 때부터 직접 소프트웨어를 개발하고 코딩해 보는 것은 마치 사람들이 다른 사람과 소통하기 위해 글쓰기와 말하기를 배우는 것과 마찬가지다. 또한 얀 레쿤은 기초과학의 중요성을 강조했다. 단순히 프로그램만 잘 다룬다고 해서 인공지능 개발에 성큼 다가서는 것이 아니다. 전문

> ➕ **최초의 컴퓨터는?**
>
> 1943년 튜링이 만든 최초의 컴퓨터 콜로서스는 2차 세계대전에서 독일군의 암호를 풀기 위해 만든 기계였다. 다만 콜로서스는 영국 정부의 군사 기밀이라 세상에 공개되지 않았고, 이에 1946년에 탄생한 에니악이 최초의 컴퓨터로 알려졌다. 에니악 역시 2차 세계대전 당시 미군의 대공포 도달 거리를 계산하기 위해 만들었다.
>
>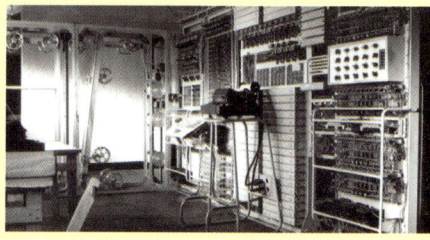
>
> 콜로서스(왼쪽)와 에니악(오른쪽)

가들의 경험과 조언대로 먼저 수학과 물리학 등 기초 학문에 충실하자. 그러고 나서 프로그램의 이해와 제작이라는 경험을 쌓아가다 보면 인공지능 개발자라는 꿈에 한 걸음 더 다가설 수 있을 것이다.

2016년 열린 다보스 포럼에서는 인공지능을 4차 산업혁명을 이끄는 주요 동력으로 소개했다. 이렇듯 인공지능에 거는 전 세계의 기대는 다시 높아지고 있다. 최근 새로운 인공지능 기술이 속속 개발되면서 우리나라도 인공지능 전문가들을 육성하기 위해 정부 차원에서 투자를 계획하고 있다. 우리가 인공지능과 더불어 살아갈 날도 머지않았다.

인공지능 개발에 전환을 일으킨 심리학자

수학자들이 이끌던 인공지능 분야에 새로운 전환점이 나타나는데, 바로 인간 두뇌를 모방해서 인공지능을 개발하려는 움직임이다. 이들은 인간 두뇌가 가진 가장 큰 특징을 학습 능력으로 보고 인공지능 또한 스스로 학습하는 능력을 지녀야 한다고 생각했다. 인간 두뇌가 어떻게 정보를 받아들이고 해석하는지를 연구해 온 심리학자들은 인공지능 연구의 새로운 방향을 제시하면서 인공지능 연구에 적극 참가하기 시작했다.

프랭크 로젠블랫

심리학을 공부했던 로젠블랫은 1957년 처음 인공신경망에 기반을 둔 퍼셉트론을 제안했다. 이로써 인공지능 연구 분야는 새로운 전환점을 맞는다. 그로부터 60년이 지나고 마침내 인공신경망에 기초한 인공지능이 만들어진다.

앤드루 응

어릴 때부터 프로그램을 만드는 법을 배웠다. 컴퓨터가 처음 생긴 여섯 살 무렵부터 프로그램을 배웠던 그는 고등학생 무렵에는 딥러닝 알고리즘을 만들 정도의 실력을 갖추었다.

데미스 하사비스

인공지능 개발자의 꿈을 키우기 위해 대학 대신 게임 개발 회사에 들어간 하사비스였지만 성공한 게임 개발자 자리를 뒤로한 채 캠브리지 대학교에 진학해 컴퓨터공학을 공부했다. 이후 게임 회사를 직접 경영하다 실패를 딛고 유니버시티 칼리지 런던(UCL)에 들어가 인지신경과학을 공부했다. 박사 학위를 받은 뒤에도 매사추세츠 공대에 들어가 공부를 이어갔다. 그리고 마침내 2010년 다목적 인공지능 개발을 위해 딥마인드를 설립하고 지금까지의 지식을 쏟아 부어 알파고를 개발하기에 이른다.

얀 레쿤

페이스북에서 인공지능 개발을 총괄하고 있는 얀 레쿤은 프로그램을 다루고 만드는 법만큼이나 기초 학문인 수학과 물리학을 많이 공부하라고 조언한다. 애플 아이폰의 운영체제인 iOS 프로그래밍 수업과 양자역학 수업 중 하나를 선택해야 한다면 양자역학을 선택하라는 것이다. 자기 자신도 물리학에서 많은 영감을 받아 인공지능을 개발했다고 밝힌다. 대학에서 전기공학을 공부한 레쿤은 물리학을 좋아해 책을 통해 물리학 지식을 쌓아 나갔다.

꿈꾸는 이들을 위한 Q&A

" 인공지능 과학자는 상상 속에만 있던 우리의 미래를 현실로 바꿔 가는 사람들이야. 힘들고 어려운 만큼 보람 가득한 인공지능 과학자가 되고 싶은 여러분을 위해 궁금할 만한 내용을 한데 모아 봤어. 하나씩 묻고 답을 찾다 보면 어느새 꿈에 한 걸음 더 다가서 있을 거야! "

Q1 인공지능 개발자가 되려면 어떤 과정을 거쳐 공부해야 할까요?

A1 인공지능 개발자는 다양한 직업을 매우 구체적으로 나누어 분류하고 있는 미국에서조차 아직 직업으로 등록되어 있지 않다. 대학에서도 아직 인공지능 분야가 하나의 학문으로 자리를 잡은 것이 아니기 때문에 인공지능만을 가르치는 학과도 따로 없는 실정이다. 따라서 인공지능을 공부하기 위해서는 대학에서 관련된 학과를 전공한 뒤 대학원에 진학해 석사와 박사 과정을 거치며 전문성을 가지고 공부해야 한다.

인공지능은 인간의 두뇌를 흉내 낸 기계인 만큼 초기에는 수학자, 심리학자, 컴퓨터학자 등 여러 분야의 과학자들이 개발에 참여했다. 맨 처음 인공지능이란 용어를 만든 다트머스 회의에도 많은 수학자와 컴퓨터학자 등이 참여했다.

오늘날 인공지능의 모델이 된 '인공신경망'을 처음 만들어 낸 프랭크 로젠블랫은 대학에서 심리학을 전공했다. 제프리 힌튼도 대학에서는 실험

심리학을 전공하고 그 뒤로 인공지능을 연구해 박사 학위를 받았다.

구글에서 인공지능을 개발하는 앤드루 응과 알파고를 만든 데미스 하사비스는 대학에서 컴퓨터공학을 전공했다. 하사비스는 인지과학 분야에서 박사 학위를 받았다.

이처럼 최근에는 컴퓨터공학을 전공하고 대학원에서 인공지능과 관련된 전문 분야를 공부해 석사나 박사 학위를 받는 경우가 많다.

Q2 인공지능 과학자가 되려면 어떤 대학 어떤 학과로 진학하는 게 좋을까요?

A2 인공지능은 하나의 학문이 아닌, 다양한 학문이 모여서 이루어지는 분야다. 대학에서 필요한 전공을 마치고 다시 대학원에 진학해 인공지능과 관련하여 집중적으로 공부해야 한다.

인공지능을 간단하고 쉽게 말하면 하나의 소프트웨어라 할 수 있다. 따라서 소프트웨어 개발자에게 필요한 지식을 기본으로 하고 거기에 인공지능과 관련된 전문적인 지식을 더해 나가는 것이 좋다.

미국노동부에서 운영하는 직업 정보 사이트(www.onetonline.org)에는 윈도우나 리눅스 등 컴퓨터 운영 시스템을 개발하는 소프트웨어 개발자가 갖추어야 할 지식을 다음과 같이 소개했다.

컴퓨터와 전자공학

가장 기본이면서 필수적인 지식이다. 응용 프로그램과 프로그래밍을 포함한 컴퓨터 소프트웨어 지식과 하드웨어에 대한 지식, 전자 회로와 프로세서, 칩과 전자 장비 지식을 갖고루 추어야 한다.

공학과 최신 기술

과학 원리와 기술, 절차, 장비들을 가지고 다양한 상품과 서비스를 디자인하고 만들 수 있도록 공학 분야의 지식을 갖추어야 한다.

수학

연산, 대수학, 기하학, 미적분학, 통계학에 대한 지식과 응용 지식을 갖추어야 한다.

통신

오늘날의 통신 시스템 지식을 갖추어야 한다.

디자인

정확한 계획과 청사진, 도안과 모델을 만들 수 있는 디자인 기법, 도구, 원리에 관한 지식을 갖추어야 한다.

영어

단어와 문법을 충분히 이해하고 읽고 쓸 수 있어야 한다. 영어로 된 자료를 이해할 수 있어야 한다.

각 대학의 컴퓨터공학과에서는 컴퓨터 하드웨어와 소프트웨어, 프로그래밍을, 전자공학과에서는 전자 회로와 프로세서, 칩과 전자 장비 등을 다른 과보다 더 깊이 있게 공부할 것이다. 인공지능 개발자가 되기 위해서는 전자공학과를 가더라도 프로그래밍을 배울 필요가 있고, 컴퓨터공학과에 가더라도 전자공학에 대해 공부할 필요가 있다.

우리나라 4년제 대학교의 절반 이상에 컴퓨터공학과가 있다. 그중에서는 소프트웨어학과 등 프로그램 개발에 조금 더 초점을 맞춘 학과도 있다. 그중 서울 대학교 컴퓨터공학부는 "컴퓨터공학의 기초를 이루는 컴퓨터 구조 및 설계, 소프트웨어 시스템, 네트워크, 컴퓨터 이론은 물론 모바일 컴퓨팅, 멀티미디어, 컴퓨터 게임, 그래픽스, 바이오컴퓨터, 전자 상거래, 암호 및 보안 등과 같은 첨단의 영역까지 컴퓨터공학의 다양한 분야를 선도적으로 개척해 나가고 있다"고 학과 소개를 하고 있다.

인공지능 개발자가 되기 위해서는 이런 전공을 마치고 기계 학습(머신러닝), 인공지능, 머신 비전 등 관련 분야 공부를 더 깊이 있게 해야 한다.

Q3 인공지능 개발자가 되려면 대학원 진학과 유학이 필수일까요?

A3 인공지능 개발자가 되려면 대학원에 진학해서 깊이 있는 공부를 해야 한다. 로봇공학과 마찬가지로 대학에서 배운 학문을 바탕으로 더 전문화된 공부가 필요한 분야다. 어느 분야나 그 분야의 전

문가로 인정받으려면 적어도 석사 이상의 학위가 필요하다. 기업이나 대학 연구 기관에서 연구하기 위해서도 석사 학위 이상을 갖추는 것이 좋다.

인공지능이 우리 생활 속에 들어올 수 있다는 미래 전망이 밝아지면서 기업에서도 엄청난 자금을 투자해 연구를 하고 있다. 그러나 획기적인 인공지능 연구 대부분은 분야 최고 수준의 대학인 매사추세츠 공과 대학교나 스탠퍼드 대학교 소속 연구 기관에서 이루어진다. 따라서 세계 최고 수준의 연구소에서 최고 수준의 인재들과 함께 인공지능을 개발하고 싶다면 인공지능 기술이 가장 발달한 미국 대학원을 추천한다.

미국 시사 전문지《US news》(www.usnews.com)는 세계 각국에 있는 컴퓨터공학과 순위를 발표했다(2017년 기준). 대학교 자체의 연구 역량과 논문과 특허 등의 실적, 사회 평판, 이 3가지를 기준으로 점수를 매겨 세계 대학 순위를 200위까지 뽑았다. 대학원 순위도 이와 같다고 봐도 좋을 것이다.

우리나라 대학교 중에는 한국과학기술원(카이스트)이 35위, 서울 대학교가 72위, 연세 대학교 100위, 고려 대학교 108위, 성균관 대학교 152위, 한양 대학교가 195위에 선정됐다.

그러나 대학원 진학에서 가장 중요하게 생각해야 할 것은 대학 순위가 아니다. 그보다는 가고자 하는 대학원에 인공지능 분야에서 유명한 학자가 있는가를 눈여겨봐야 한다.

예를 들어 토론토 대학교는 20위에 올라 있지만 이곳에는 딥러닝의 창시자 제프리 힌튼 교수가 있다. 제프리 힌튼 교수 밑에서 연구하고 공부할 기회와 1위로 뽑힌 매사추세츠 공과 대학교에 진학할 기회가 동시에 주어진다면 조금 고민이 될지도 모른다. 그러나 토론토 대학교가 훨씬 뛰어난 선택이 될 것이다. 물론 매사추세츠 공과 대학교에서 누구에게 배울 수 있는가도 중요하겠지만, 지금 인공지능 분야에서 가장 주목받는 인물은 제프리 힌튼이기 때문이다.

《US news》 선정 2017년 세계 컴퓨터공학과 순위

순위	대학명	국가	순위	대학명	국가
1	매사추세츠 공과 대학교MIT	미국	16	조지아 공과 대학교	미국
2	청화 대학교	중국	17	캘리포니아 대학교 (샌디에이고 캠퍼스)	미국
3	스탠퍼드 대학교	미국	18	워털루 대학교	캐나다
4	난양 기술대학교	싱가포르	19	스위스 취리히 연방공과 대학교	스위스
5	텍사스 대학교(오스틴 캠퍼스)	미국	20	토론토 대학교	캐나다
6	하버드 대학교	미국	21	런던칼리지 대학교	영국
7	캘리포니아 대학교(버클리 캠퍼스)	미국	22	홍콩 중문대학교	홍콩
8	싱가포르 국립대학교	싱가포르	23	브리티시컬럼비아 대학교	영국
9	홍콩 시립대학교	홍콩	24	카네기멜론 대학교	미국
10	프린스턴 대학교	미국	25	캠브리지 대학교	영국
11	화중 과학기술대학교	중국	26	캘리포니아 대학교 (로스앤젤레스 캠퍼스)	미국
12	홍콩 과학기술대학교	홍콩	27	로잔 연방공과 대학교	스위스
13	상하이 교통대학교	중국	28	임페리얼 컬리지 런던	영국
14	서던캘리포니아 대학교	미국	29	둥난 대학교	중국
15	절강 대학교	중국	30	뮌헨 공과 대학교	독일

Q4 미래 직업으로서 인공지능 개발자의 전망은 어떤가요?

A4 인공지능은 4차 산업혁명을 이끌 핵심 기술 가운데 하나지만, 잠시 침체기를 겪은 탓인지 현재 전문가들이 매우 부족한 실정이며 따라서 앞으로 인공지능 개발자에 대한 수요는 매우 높다.

미국 등 선진국은 물론이고, 중국과 일본 기업들도 앞다투어 실리콘밸리에 인공지능 연구소를 설립하고 있다. 우리나라도 2020년까지 정부 차원에서 1조 원을 투자해 전문가 양성과 연구 개발에 힘쓸 것을 발표했다.

이렇듯 세계 각국과 거대 기업들이 인공지능 개발에 적극 나서고 있지만, 초기 인공지능 연구는 대부분 대학 연구소에서 이루어졌다. 스탠퍼드 대학교와 MIT 인공지능 연구소는 인공지능 연구자들에게 고향과도 같은 곳이다. 지금도 인공지능 개발자를 꿈꾸는 많은 학생들이 그곳에서 공부와 연구를 하고 있고, 세계적인 기업들도 이 대학 연구소와 손을 잡고 인공지능 연구에 나서고 있다. 뛰어난 컴퓨터 성능과 빅데이터가 인공지능 개발에 가장 중요한 요소가 되면서, 구글, 페이스북, 애플, 바이두 등 수많은 데이터를 가진 세계 기업들이 인공지능 연구를 주도하고 있다.

2016년 미국의 유명 컴퓨터 잡지 《데이터메이션》은 '세계 최고의 인공지능 회사 20'을 발표했다. 간단하게 어떤 기업인지 알아보자.

구글

이세돌 9단을 이긴 알파고를 개발했다. 그밖에도 번역 인공지능, 인공지능 개인 비서인 구글 어시스턴트, 인공지능 자율 주행 자동차 등을 개발하며 인공지능 개발의 선두에 있다.

아마존

전 세계 최대 규모의 온라인 쇼핑몰이다. 아마존에서 출시한 스피커 에코에 탑재된 인공지능 비서 알렉사로 유명하다.

애플

스마트폰에 탑재된 시리로 유명하다. 인공지능 자율 주행 자동차도 연구하고 있다.

페이스북

전 세계 3억 명이 이용하는 소셜 네트워크 서비스답게 이용자들이 올리는 방대한 콘텐츠를 효과적으로 이용할 방법을 찾기 위해 인공지능을 개발하고 있다. 얼굴 인식 인공지능인 딥페이스를 개발해 냈으며 음성 인식 개인 비서 M을 개발 중이다. 범용 인공지능 개발에도 박차를 가하고 있다.

아이비엠(IBM)

1950년부터 인공지능 분야를 앞서 이끌고 있다. 인공지능 의사 왓슨을 개발해 냈다.

인텔

머신 러닝 분야에서 적극적인 투자와 기술 발전을 이끌고 있다. 머신러닝 전문가 조직을 키워 나가고 있다.

에이아이브레인(AIBrain)

스마트폰과 로봇을 활용한 인공지능 솔루션을 개발하고 있다. 인간의 문제 해결 능력과 자율 학습 능력, 기억 능력을 연구해 인공지능에 접목하는 작업 중이다. 개인용 로봇, 대화형 인공지능 어시스턴트, 인공지능 에이전트 게임 및 엔터테인먼트에 집중하고 있다.

안키(Anki)

개인용 인공지능 로봇 개발에 노력하고 있다. 인공지능 장난감 로봇 코즈모를 개발했다. 각종 기능을 갖춘 인공지능 로봇으로, 전면 스크린을 통해 다양한 표정이 나타난다. 감정 엔진이 있어서 감정 표현이 가능하고, 감정 상태에 따라 눈 색깔이 바뀌기도 한다. 현재 감정 표현력이 가장 발달한 로봇으로 꼽힌다.

반조

인공지능으로 소셜 미디어를 검색해 고객에게 중요한 실시간 이벤트와 상황을 찾아주는 기술을 개발 중이다. 2013년 보스턴 마라톤 대회 폭탄 테러 사건 이후 소셜 미디어를 분석해 위험한 상황을 탐지하는 방법을 찾고자 개발되기 시작했다.

클라우드마인즈

지능형 클라우드 로봇 오퍼레이터를 개발한다. 2025년까지 모든 집안일을 대신할 수 있는 로봇 개발을 목표로 하고 있다. 클라우드 기반 로봇은 로봇의 두뇌가 로봇 몸체가 아닌, 클라우드마인즈 회사 서버에 있다. 우리 두뇌와 같은 능력을 가지기 위해서는 인간의 뇌보다 100만 배는 더 커야 해서 지금의 기술로는 그 크기 그대로 로봇에 탑재하기는 어렵기 때문이다. 집안일을 대신하는 로봇도 시리처럼 인터넷에 연결되어 움직이는 방식이다.

엔테피

지금까지는 하나의 어플리케이션으로 하나의 일만 가능했다. 이 회사는 그 한계에서 벗어나 여러 가지 일을 동시에 할 수 있는 지능형 개인 디지털 플랫폼을 개발하고 있다.

아이카본엑스

중국의 생명공학 기업이다. 각 의료 기관에 있는 진료 정보와 개인 정보를 모아 개인 맞춤형 의료 정보를 제공하는 기술 개발에 힘을 쏟고 있다. 인터넷과 인공지능을 사용해 개인의 생물학적, 행위적, 심리학적 자료에 기반을 둔 디지털 생명 환경 시스템 건설을 목표로 하고 있다.

지보

세계 최초의 소셜 로봇이다. 지보는 인공지능 알고리즘을 이용해 개성 있는 교류가 가능하도록 상대방에 대해 상세히 학습한다. 지보는 인공지능을 이용하여 개인화된 특성을 부여하는 데 목표를 둔다.

넥스트 아이티

챗봇을 처음 개발했다. 자체 개발한 인공지능 기능을 이용하여 건강 관리와 보험 분야를 포함한 다양한 산업 기관들을 돕고 있다.

프리즈마

프리즈마는 아이폰에 설치할 수 있는 어플리케이션의 하나다. 딥러닝 알고리즘을 쓰는 인공지능을 활용해서 평범한 사진을 고흐, 피카소 등 여러 화가의 화풍이 느껴지는 예술 작품으로 바꿔 준다.

리스냅

딥러닝을 이용해 사진을 만들고 다양한 사진을 모아 사진집도 만들어 준다. 사진들을 분석해 잘못 찍은 사진은 지워 주는데, 20% 정도의 사진은 사용자가 직접 고르게 한다. 이 20%를 바탕으로 인공지능이 사용자의 사진 선택 기준과 성향을 학습한다.

세일즈포스

인공지능 서비스인 세일즈포스 아인스타인을 개발했다. 회사 직원들이 더욱 간단하고 빠르게 업무를 할 수 있도록 돕는 서비스다.

트위터

비디오 영역에서 인공지능을 적용하는 데 앞장서고 있다.

바이센즈

사용자가 온라인 쇼핑을 할 때 취향이나 구매 이력을 참고해서 비슷한 상품들을 제안하는 인공지능을 개발했다.

엑스에이아이

지능 가상 비서인 애미를 개발했다. 사용자가 회의 시간을 잡을 때 도움이 된다. 회의 요청을 받았는데 일정이 있으면 애미에게 이메일로 전달한다. 이를 받아서 처리한다.

Q5 어떤 재능과 적성이 인공지능 개발자에 적합할까요?

A5 대표적인 인공지능 개발자 앤드루 응과 데미스 하사비스는 어릴 때부터 컴퓨터와 친하게 지냈다. 프로그램을 즐겨 만들었고 자신이 만든 프로그램에 뿌듯함을 느꼈다. 인공지능 개발자로서 적성이 있는지 궁금하다면 컴퓨터 프로그램을 배워 볼 것을 추천한다. 프로그램 제작과 개발이 즐겁다면 인공지능 개발자로서 기본적인 적성이 있다고 봐도 좋을 것이다.

뛰어난 인공지능 개발자가 되려면 적성뿐만 아니라 재능도 필요하다. 앞서 이야기했듯이 인공지능도 우리 뇌를 흉내 내는 하나의 프로그램이다. 따라서 윈도우나 리눅스 등과 같이 시스템용 소프트웨어, 그리고 워드나 엑셀, 또는 스마트폰 앱 등 구체적인 기능의 소프트웨어를 만들어 내는 개발자의 자세와 이를 뒷받침하는 재능이 있어야 한다.

미국 노동부에서 만든 진로 정보 사이트(www.onetonline.org)에는 소프

트웨어 개발자들이 갖춰야 할 능력들을 제시하는데, 그중 하나가 과학적 추리 능력이다. 탐정이 모든 상황을 추리해 범인을 예측하듯이, 과학자들은 여러 가지 현상을 관찰해 그 안에서 일반적인 법칙을 찾아내는 귀납적 추리에 뛰어나다. 그럼 구체적인 예를 들어 귀납적 추리 과정을 살펴보자.

전제 1 ➡ 친구가 사는 곳은 아파트 5층이다.
전제 2 ➡ 같이 놀던 친구가 사라졌다.
　　　　　급히 엘리베이터에 가보니 엘리베이터가 5층에 서 있다.
결론 ➡ 친구는 아마 집에 갔을 것이다.

전제 1과 2를 통해 이런 결론을 내렸지만 이 결론이 늘 맞는 것은 아니다. 친구가 아닌 다른 사람이 5층에서 내렸을 수도 있기 때문이다. 예외가 있기 때문에 귀납적 추리의 정확도를 높이려면 친구의 집이 5층이라는 추가 정보가 있어야 한다. 과학 원리 대부분은 자연 현상이나 사물을 관찰해서 모은 정보를 통해 찾아낸 귀납 법칙이다.

반대로 연역적 추리가 필요할 때도 있다. 일반적인 규칙을 먼저 정하고 이를 구체적인 내용에 적용해 확인하는 방법이다. 수많은 인공지능 프로그램도 인공신경망이라는 일반적인 원리를 가지고 연역적 방법을 통해 개발되었다. 이론에서 시작해 가설을 세우고 실험을 통해 관찰하고 이 과정에서 가설의 올바름을 증명하는 것이 연역적 방법이다. 잘 알려진 3단 논법은 연역적 추리의 대표적인 사례다.

> 전제 1 ➡ 모든 사람은 죽는다
> 전제 2 ➡ 소크라테스는 사람이다.
> 결론 ➡ 소크라테스는 죽는다.

모든 사람이 죽는다는 것과 소크라테스가 사람이라는 것을 알기 때문에, 우리는 쉽게 이 결론이 참이라는 것을 알 수 있다. 그러나 만약 소크라테스 대신 우리가 잘 모르는 이름이 들어간다면 어떨까? 사람인지 아닌지 알 수 없는 존재라면, 또는 사람과 닮은 로봇이거나 또는 외계인이라면 우리는 관찰을 통해 확인해야 참인 결론에 이를 수 있다.

 연역적 추리와 귀납적 추리 외에도 인공지능 개발자들에게 필요한 재능은 많다. 올바른 수학적 방법이나 공식을 선택해 문제를 해결하는 수학적 추리 능력, 무언가 잘못되고 있음을 빠르게 알아낼 수 있는 문제 지각력도 필요하다. 주로 팀을 이루어 연구하는 인공지능 개발의 특성상, 구성원으로서 여러 사람들과 어울려 일할 수 있는 능력도 중요하다.
 그러나 처음부터 너무 어렵게 생각하지 않아도 된다. 먼저 홈즈와 같은 탐정 소설을 즐겨 읽는다거나 과학책을 자주 보는 것만으로, 또는 주변 상황이나 사람들을 관찰하기 좋아하는 것만으로도 인공지능 개발자가 되기 위한 기본 자질은 갖춘 셈이다.

Q6 초등학교 때 어떤 경험을 해 보면 좋을까요?

A6 꾸준히 강조하지만 어릴 적부터 컴퓨터 프로그램과 친해지는 것이 중요하다. 우리나라에서는 2018년부터 중학교와 고등학교에서 소프트웨어 교육이 시작되며 2019년부터는 초등학교에서도 시작된다. 최근 스크래치를 비롯해 코딩 공부에 관심이 높아지는 분위기라 앞으로 코딩과 프로그램을 공부할 기회는 많을 것으로 보인다.

구글에서 인공지능을 개발하고 있는 조성정 박사는 어려서부터 직접 소프트웨어 개발과 코딩을 해 보는 것이 중요하다고 강조한다. 이런 경험을 통해 컴퓨터로 우리 생활 속 문제를 해결하는 능력을 키울 수 있다고 조언한다. 이 분야에서 성공한 사람들이 말하는 공통적 특징은 역시 어릴 때부터 소프트웨어를 가까이 하고 꾸준히 개발 실력을 키워 온 것이라고 덧붙였다.

두뇌 올림픽, 정보올림피아드

프로그래밍 실력을 뽐낼 수 있는 최고의 대회는 정보올림피아드다. 국내에서 손꼽히는 IT 영재들이 참가하는 이 대회는 수학적 지식과 논리적 사고 능력을 필요로 하는 알고리즘 분야와 프로그램 작성 능력을 놓고 겨룬다. 이 대회에서 우수한 성적을 보인 이들에게는 국제정보올림피아드에 참가할 수 있는 국가 대표 후보 자격을 준다. 두 차례에 걸친 선발 고사를 통해 총 5명의 국가 대표를 선발한다.

2015년 국제정보올림피아드에서 우리나라는 개인 성적 1위와 국가 성적 1위를 기록했으며, 2016년에는 국가 성적 4위를 기록했다. 2015년 국가 대표 5명 중 4명이 경기과학고등학교 학생들이었다.

우리나라 영재학교인 경기과학고등학교에는 정보과학 동아리 '나는 코드다(IamCoder)'와 로봇과학 동아리 'MR(Mechanics & Robotics)' 등이 있지.

과학을 좋아하는 학생들을 위한 최적의 학교

영재학교와 과학고등학교는 과학과 수학에 재능을 가진 학생들을 최고의 과학자로 키울 목적으로 설치한 특수학교라 할 수 있다. 우리나라에는 전국에 영재학교 8개와 과학고등학교 20개가 있다. 영재학교는 중학생이면 학년과 상관없이 모두 응시할 수 있으며, 과학고등학교는 3학년 때만 응시 가능하다.

두 학교는 수학과 과학 수업이 일반 고등학교에 비해 훨씬 더 다양하고 일부 수업은 대학 과정을 포함할 정도로 수준도 높다. 많은 실험과 연구 활동을 직접 해 볼 수 있어서 과학을 좋아하는 학생들에게는 말 그대로 꿈의 학교다.

그러나 영재학교와 과학고등학교에 입학하기는 무척이나 어렵다. 잘 알다시피 영재학교는 시험을 통해 뽑고, 과학고등학교는 중학교 성적과 생활기록부를 보고 뽑는다. 해마다 영재학교는 800명, 과학고등학교는 1800명 가량밖에 신입생을 뽑지 않는다. 참고로 2016년 5월에 치러진 영재학교 입학시험에는 789명 모집에 18,882명이 지원해 엄청난 경쟁률을 보였다. 지원자 대부분이 중학교 3학년인데, 2016년 기준 전국 중학교 3학년 학생 수는 525,975명에 이른다. 이중에서 극히 일부만이 영재학교나 과학고등학교에서 공부하는 행운을 얻을 수 있다.

게다가 과학고등학교는 거주 지역 제한이 있다. 전국에 20여 개가 있지

만 자신이 살고 있는 지역에 한해서 응시가 가능하기에 입학은 영재학교만큼이나 어렵다. 서울과 인천, 부산, 경상북도, 경상남도에는 2개씩, 나머지 지역에는 1개씩 설치되어 있다.

지역	영재학교	과학고등학교
서울	서울과학고등학교	세종과학고등학교 한성과학고등학교
부산	한국과학영재학교	부산과학고등학교 부산일과학고등학교
대전	대전과학고등학교	대전동신과학고등학교
인천	인천과학예술영재학교	인천과학고등학교 인천진산과학고등학교
광주	광주과학고등학교	
대구	대구과학고등학교 대구일과학고등학교	
세종	세종과학예술영재학교	
울산		울산과학고등학교
경기	경기과학고등학교	경기북과학고등학교
강원		강원과학고등학교
충북		충북과학고등학교
충남		충남과학고등학교
경북		경북과학고등학교 경산과학고등학교
경남		경남과학고등학교 창원과학고등학교

전북		전북과학고등학교
전남		전남과학고등학교
제주		제주과학고등학교

➕ 전문가가 되기 위한 공부 과정

학사: 대학에서 지식인으로서 갖추어야 할 교양과 전공 분야의 기본 이론을 공부한다. 4년간 공부한 후 학사 학위를 받는다.

석사: 대학원에서 좀 더 세분화된 분야를 공부한다. 보통 2년간 공부하며 마치면 석사 학위를 받는다.

박사: 대학원에서 자신만의 전문적인 연구를 진행한다. 연구 기간은 정해져 있지 않으며 연구 논문이 논문심사위원회를 통과하면 박사 학위를 받는다. 박사는 분야 전문가로 인정을 받고 대학에서 학생들을 가르칠 수 있다.

박사후과정 : 박사 학위를 받은 후 학자로서 경력을 쌓는 과정이다. 자신만의 독자적인 연구를 진행한다.

참고 문헌

김의중, 알고리즘으로 배우는 인공지능, 머신러닝, 딥러닝 입문, 위키북스, 2016.
김재호·이경준, 인공지능, 인간을 유혹하다, 제이펍, 2016.
다케이 히로마사, 이주석 옮김, 가장 빨리 만나는 딥러닝 with Caffe, 길벗, 2016.
마이클 밀러, 정보람 옮김, 생활을 변화시키는 사물인터넷, 영진닷컴, 2016.
샘 킨, 이충호 옮김, 뇌과학자들, 해나무, 2016.
유신, 인공지능은 뇌를 닮아 가는가, 컬처룩, 2014.
이종호, 로봇은 인간을 지배할 수 있을까?, 북카라반, 2016.
이케가야 유지, 이규원 옮김, 교양으로 읽는 뇌과학, 은행나무 2015.
정용찬, 빅데이터, 커뮤니케이션북스, 2013.

미래 인공지능

지은이 | 최윤식
그림 | 최윤영

1판 1쇄 발행 | 2017년 9월 8일
1판 3쇄 발행 | 2021년 12월 21일

펴낸곳 | (주)지식노마드
펴낸이 | 김중현
기획·편집 | 김중현, 노창현, 최준석
디자인 | 제이알컴
등록번호 | 제313-2007-000148호
등록일자 | 2007. 7. 10
서울 특별시 마포구 양화로 133, 1702호(서교동, 서교타워) (04032)
133, Yanghwa-ro, Mapo-gu, Seoul, South Korea
전화 | 02) 323-1410
팩스 | 02) 6499-1411
홈페이지 | knomad.co.kr
이메일 | knomad@knomad.co.kr

값 12,000원

ISBN 979-11-87481-31-7 74320
         979-11-87481-29-4 (세트)

이 도서의 국립중앙도서관 출판예정도서목록(CIP)은 서지정보유통지원시스템 홈페이지
(http://seoki.nl.go.kr)와 국가자료공동목록시스템(http://nl.go.kr/kolisnet)에서 이용하실 수 있습니다.
(CIP제어번호: CIP2017022015)

Copyright ⓒ 최윤식 2017
이 책은 저작권법에 따라 보호받는 저작물이므로 무단전재와 무단복사를 금지하며 이 책 내용의
전부 또는 일부를 이용하려면 반드시 저작권자와 (주)지식노마드의 서면 동의를 받아야 합니다.

* 잘못 만들어진 책은 구입하신 서점에서 교환해 드립니다.